Atlanta '96

ATLANTA

Olympische Sommerspiele Atlanta '96

Herausgegeben von

GERD RUBENBAUER

Berichte

Britta Kruse, Johannes Ebert
Andreas Schmid und Ernst Christian Schütt

Kommentare

Gerd Rubenbauer und Hans Schwarz

Fotografie

BONGARTS

Chronik
Verlag

Inhalt

Zusammenfassung 6
Atlanta 16
Die Eröffnung 20

Leichtathletik 26
Männer: Sprint 28
Mittel- und Langstrecken 32
Sprungdisziplinen 36
Wurfdisziplinen 38
Zehnkampf 40
Frauen: Sprint 44
Mittel- und Langstrecken 48
Sprungdisziplinen 50
Wurfdisziplinen 52
Siebenkampf 54
Schwimmen 56
Schwimmen Frauen 58
Synchronschwimmen 64
Schwimmen Männer 66
Wasserspringen 70
Kunstturnen 72
Kunstturnen Männer 74
Kunstturnen Frauen 78
Rhythmische Sportgymnastik 80
Wassersport 82
Rudern 84
Kanu 88
Segeln 92
Kampfsport 96
Gewichtheben 98
Judo 102
Ringen 106
Boxen 110
Fechten 114
Schiessen 120
Moderner Fünfkampf 124
Rad 126
Reiten 134
Turniere 142
Basketball 144
Tischtennis 148
Baseball 150
Hockey 152
Badminton 156
Softball 158
Handball 160
Volleyball 162
Beachvolleyball 166
Tennis 168
Fußball 170
Wasserball 172
Schlußfeier 174

Medallienspiegel 176
Statistik 178
Impressum 192

Michael Johnson – der Superstar der Leichtathletik-Wettbewerbe

Ulrich Kirchhoff holte auf »Jus de Pommes« überraschend Gold in der Einzelwertung.

Diskuswerfer Lars Riedel (r.) wurde seiner Favoritenstellung gerecht, während Gewichtheber Ronny Weller (unten, auf dem Rücken liegend) im letzten Versuch noch vom ersten Platz verdrängt wurde.

Dagmar Hase blieb zum Abschied der ganz große Erfolg versagt.

Donovan Bailey lief bei seinem Olympiasieg neuen Weltrekord.

Dan O'Brian (r.), Olympiasieger im Zehnkampf, gratuliert Frank Busemann zum Silber.

Carl Lewis nahm sich nach dem Weitsprung eine Tüte Sand zur Erinnerung mit nach Hause.

Der Turner Andreas Wecker (l.) und Radfahrer Jens Fiedler holten jeweils Gold.

Shaquille O'Neill, Mitglied im »Dream Team III«

Atlanta – ein olympischer Alptraum

Mein erster Eindruck von Atlanta war geprägt vom Blick aus dem Zimmer im 58. Stock meines Hotels unweit des Herzstücks dieser Olympischen Spiele, des Centennial Parc. Ringförmig um einen zentralen Platz gruppierte Gebäude, dazu das bunte Treiben auf den Straßen, die Vogelperspektive versprach stimmungsvolle Spiele. Aus der Nähe sah dies alles anders aus. Die Straßen schienen willkürlich gesperrt, die U-Bahnen waren hoffnungslos überfüllt, Busfahrer irrten hilf- und ziellos umher, und Tausende von Fußgängern machten das Wort von der olympischen Bewegung zur Farce. »Time is money« – in Atlanta kann dieser Spruch nicht erfunden worden sein. Dafür machten sie alles andere zu Geld.

Atlanta '96, das waren die Spiele der fliegenden Händler und nicht der Athleten. Ein Jahrmarkt mit abstoßenden Imbißbuden und anderen Geschmacklosigkeiten entpuppte sich bald als wichtigste Wettkampfstätte. Ein profitsüchtiges Organisationskomitee hatte den Rest olympischer Ideale an Kirmesbudenbesitzer verkauft.

Amerikanischen Kitschliebhabern gefiel es. Die Wege ungewollt lang, die Nächte unfreiwillig kurz, die lauten Spiele von Atlanta raubten Zeit und Schlaf.

»Have a nice day« – so versuchten uns nette, aber ahnungslose Helfer aufzuheitern, auch zeigten sich die Bürger Atlantas freundlich und hilfsbereit, und sorgten die Sportler für Spannung vor großen Zuschauerkulissen, dennoch hätte der 100. Geburtstag der olympischen Idee in Athen gefeiert werden sollen, denn nach Atlanta freuten sich alle auf zu Hause – und auf Sydney.

Gerd Rubenbauer

FOR
NEW COVENANT CH

PRAY
PEACE
POMPANO BEACH, FL

Die Sommerspiele mit den vielen Gesichtern

Während der Olympischen Spiele der Antike ruhte - so ist es überliefert - jeglicher Krieg zwischen den miteinander rivalisierenden griechischen Stadtstaaten. 24 Jahre nach dem Überfall palästinensischer Terroristen auf das israelische Mannschaftsquartier in München 1972 wurde der schockierten Weltöffentlichkeit bewußt, daß in unserer Zeit Olympische Spiele nicht auch automatisch Olympischen Frieden bedeuten.
In Atlanta war es 1.25 Uhr in der Nacht zum 27. Juli, als im Centennial Olympic Park – im Herzen der Stadt – eine mit Schrauben und Nägeln bestückte Rohrbombe explodierte. Zwei Menschen – eine 44jährige Geschäftsfrau aus Albany und ein 40 Jahre alter türkischer Kameramann - kamen ums Leben, 111 Menschen mußten mit schweren Verletzungen ins Krankenhaus eingeliefert werden.
Zum Zeitpunkt der Explosion hatten sich etwa 50 000 Besucher im Park befunden. Sie feierten die Erfolge der US-Sportler und lauschten den phonstarken Klängen einer einheimischen Rockband.
Die Explosion traf die Sicherheitsphilosophie der Polizei von Atlanta an einem wunden Punkt: Der Centennial Park zählte nicht zu den besonders geschützten Sicherheitszonen, er sollte eine offene Stätte der Begegnung sein und konnte von jedermann ohne größere Kontrolle betreten werden. Alle Wettkampfstätten und das Olympische Dorf glichen hingegen einem Hochsicherheitstrakt. 303 Mio. Dollar wurden für die Sicherheit der Spiele und ihrer Gäste ausgegeben. Das Olympische Dorf war von einem drei Meter hohen Zaun umgeben, der Athletenbereich konnte nur nach Überprüfung des Handabdrucks betreten werden, rd. 35 000 Polizisten, Soldaten und Wachmänner waren ständig im Einsatz. Den Gästen aus aller Welt wurde der Eindruck vermittelt, daß – so empfand es der deutsche Fahnenträger bei der Eröffnungsfeier, der Fechter Arnd Schmitt, – »Atlanta der sicherste Ort der Welt« sei.
Das Organisationskomitee der Olympischen Spiele und das Internationale Olympische Komitee gingen überraschend schnell und geschäftsmäßig zur Tagesordnung über. »The Games will go on« – Die Spiele werden weitergehen, ließ IOC-Generalsekretär Juan Antonio Samaranch gut vier Stunden nach der Explosion im Park bekanntgeben. Weitaus dramatischer klang es 24 Jahre zuvor: »The Games must go on« – Die Spiele müssen weitergehen, hatte 1972 der damalige IOC-Chef Avery Brundage bei der Trauerfeier für die ermordeten israelischen Athleten in München verkündet.
Die Flaggen in Atlanta wurden am Samstag auf halbmast gesetzt, auf Anweisung des IOC wurde vor jedem Wettbewerb ein kurzer Besinnungsmoment zum Gedenken an die Opfer eingelegt – dann verdrängten sportliche

Carl Lewis stieg bei seiner letzten Olympiateilnahme endgültig in die »hall of fame« der Leichtathletik auf.

Die goldenen Laufschuhe sind das Erkennungszeichen von Superstar Michael Johnson, der über 200 m und 400 m siegte.

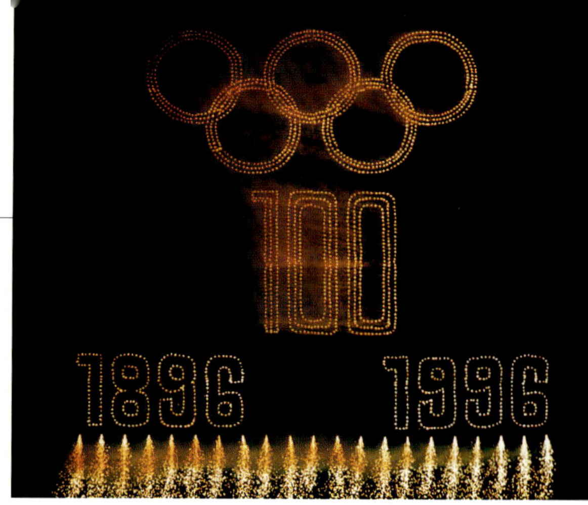

Atlanta feiert seine Spiele als »Jahrhundertspiele«.

Sein Stern ging bei diesen Spielen auf – der russische Turner Alexander Nemov

Nahm sich Großes vor und erreichte es auch – Michael Johnson

Höchstleistungen und der ungebremste Zuschaueransturm die Erinnerung an die Toten und Verletzten im Centennial Park. Auch die Sportler selbst dachten nicht ans Aufgeben. Schließlich hatten sie vier Jahre lang zu hart trainiert, als daß sie jetzt auf ihre Chance verzichtet hätten.

Auch im Wettkampfplan gab es schon vor Beginn der Spiele eine neue olympische Bestmarke zu feiern: Mit den neuen Sportarten Beachvolleyball, Mountainbike und Softball und insgesamt 14 neuen Wettbewerben war das olympische Programm so umfangreich wie nie. In 26 Sportarten und 271 Wettbewerben waren 10 361 Athleten für den Kampf um 1838 Medaillen gemeldet. Eine weitere Premiere: Alle 197 Mitgliedsländer des IOC waren in Atlanta vertreten, zum erstenmal waren auch Nauru, die Komoren, die Kapverden, Dominica, São Tome und Principe, St. Lucia, St. Kitts und Nevis, Guinea-Bissau, Palästina, Mazedonien und Burundi bei Olympia präsent - wenn auch nicht alle durch Athleten, doch zumindest durch ihre Funktionäre. Und die »Kleinen« in der olympischen Familie sorgten nicht nur für bunte Farbtupfer, sondern auch für sportliche Überraschungen. Als Nationalhelden gefeiert wurden Sportler, die ihren Ländern erstmals olympisches Gold einbrachten wie die Weitspringerin Chioma Ajunwa (Nigeria), Schwimmerin Claudia Poll (Costa Rica), Geher Jefferson Perez (Ekuador), Siebenkämpferin Ghada Shouaa (Syrien) und Surferin Lai Shan Lee (Hongkong). Zum nationalen Heros avancierte der 5000 m -Sieger Venuste Niyongabo aus Burundi, der vor dem Bürgerkrieg nach Italien geflohen war, um sich dort auf die Spiele vorzubereiten.

Beifall verdient hatten auch jene, die sich unerwartet in die Medaillenränge vorkämpften wie der indische Tennisspieler Leander Paes, der Bronze gewann, oder der Box-Superschwergewichtler Paea Wolfgram aus dem Inselstaat Tonga, der erst im olympischen Finale seinen Bezwinger fand. Immerhin 79 der 197 Länder gewannen eine olympische Medaille, soviel wie nie. Die sportliche Machtverteilung blieb dennoch weitgehend unangetastet. Die Amerikaner beherrschten eindeutig die Wettkämpfe. 101 Medaillen (44 Gold/32 Silber/25 Bronze) waren die Ausbeute des mit 667 Athleten größten US-Olympia-Teams aller Zeiten. Damit lagen die USA in Atlanta erstmals seit den Boykottspielen 1984 wieder vorn, hatten damit aber sieben Medaillen weniger als vor vier Jahren. Die Bronzemedaille des Schwergewichtsboxers

Marie-José Perec konnte die 200 und 400 m für sich entscheiden.

Nate Jones war bereits die 2 000. US-Medaille der Olympiageschichte. »Wir waren großzügige Gastgeber und haben trotzdem unsere Vormachtstellung zurückgewonnen. Besser hätte es nicht laufen können«, stellte Leroy Walker, Präsident des Olympischen Komitees der USA, am Schluß zufrieden fest. Diese Begeisterung hatte jedoch auch ihre Kehrseite, nämlich den gelegentlich Chauvinismus der Zuschauer und des US-Senders NBC, die zu häufig nur ihre eigenen Sportler im Blick hatten und ausländische Sportler ignorierten.

Der große Rivale Rußland als der Nachfolger des Teams der Gemeinschaft Unabhängiger Staaten (GUS), die sich mittlerweile in viele Einzelstaaten aufgelöst hat, behauptete mit Mühe den zweiten Platz in der Medaillenbilanz, mußte sich aber mit 63 Medaillen (26/21/16) statt 112 in Bar-

Lars Riedel erwies sich nach zwei ungültigen Versuchen als nervenstark.

celona begnügen. Die deutsche Mannschaft erlebte dank eines energischen Schlußspurts noch ein Happy-End mit Medaillenplatz drei (20/18/27), schnitt aber bei den Jubiläumsspielen um 17 Medaillen schlechter ab als in Barcelona. China (16/22/12) stärkte seine Position als Verfolger und blieb die vierte Macht; Frankreich (15/7/15), Italien (13/10/12) und vor allem Australien (9/9/23), der Gastgeber der nächsten Spiele im Jahr 2000, konnten ihre Bilanzen aufpolieren, während das einstmals so starke Großbritannien mit 15 Medaillen, davon einmal Gold, auf Platz 36 unter »ferner liefen« rangiert.

Mit ihrem besten Abschneiden der Olympia-Geschichte überhaupt unterstrichen die Sportler aus Afrika die Bewerbung von Kapstadt um die Austragung der Spiele im Jahr 2004. Zwölf afrikanische Länder gewannen in Atlanta 34 Medaillen, davon elfmal Gold; vier Jahre zuvor hatten acht Staaten nur 25 Medaillen errungen. Doch solche Zahlenspiele, so aufschlußreich sie auch sein mögen, machen nicht den Reiz der Spiele aus. Es sind die großen Augenblicke, welche die Massen in Begeisterung oder Hilflosigkeit versetzen – ob in den Stadien von Atlanta oder in den »olympischen Nächten« vor dem Fernseher, wo ARD, ZDF und 3 SAT 560 Stunden rund um die Uhr berichteten und sich ebensoviel TV-Mitarbeiter um Neuigkeiten bemühten wie deutsche Sportler um Medaillen (480). Was im Gedächtnis bleiben wird aus Atlanta ist der Moment während der Eröffnungsfeier, als die Box-Legende Muhammad Ali, sichtlich von der Parkinsonschen Krankheit gezeichnet, das Olympische Feuer entzündete; aber auch der letzte Auftritt des Briten Linford Christie, der sich nach zwei Fehlstarts im 100-m-Finale von der Bahn weisen lassen mußte, während der Kanadier Donovan Bailey in der Weltrekordzeit von 9,84 sec. die Goldmedaille holte; der Freudentaumel des zweifachen Olympiasiegers Michael Johnson (USA) nach seinem Sieg in Weltrekordzeit über 200 m in 19,32 sec; das Ausscheiden von Jackie Joyner-Kersee (USA) im Siebenkampf, die sich dafür mit Bronze im Weitsprung revanchierte; die vergeblichen Bemühungen der schon 36 Jahre alten »ewigen Zweiten« Merlene Ottey aus Jamaika um eine olympische Goldmedaille und ihr dramatischer Zweikampf mit der 100-m-Siegerin Gail Devers (USA); die sensationelle Leistung des 21jährigen Dortmunders Frank Busemann, der im

Miguel Indurain reiste von der Tour de France an und gewann Gold im Zeitfahren.

Erfolgreichster Gewichtheber aller Zeiten – der Türke Naim Suleymanoglu

Die amerikanischen Zuschauer besuchten auch die weniger attraktiven Sportarten in großer Zahl.

Merlene Ottey, Gail Devers und Gwen Torrence, die schnellsten Frauen der Welt

Muhammad Ali küßt die Nachbildung seiner Goldmedaille von 1960.

erst fünften Zehnkampf seines Lebens die olympische Silbermedaille gewann; der Siegessprung des großen Carl Lewis im Weitsprungwettbewerb, der sich mit seiner neunten Goldmedaille auf eine Stufe mit dem finnischen »Wunderläufer« Paavo Nurmi stellte; das Zittern mit dem Chemnitzer Diskuswerfer Lars Riedel, der im fünften Versuch endlich die Scheibe auf die Siegesweite von 69,40 m in den Nachthimmel von Atlanta schleuderte; das Bangen um die Entscheidung der Kampfrichter für oder gegen den deutschen Judoka Udo Quellmalz, der die Goldmedaille im Halbleichtgewicht holte und der voreilige Jubel von Gewichtheber Ronny Weller, der zu guter Letzt doch noch die schon sicher geglaubte Goldmedaille im Superschwergewicht verlor.

Die Geburt neuer Stars und der Abgesang auf die Helden von Gestern, Geschichten, wie sie nur der Sport zu schreiben vermag - auch das waren die Spiele von Atlanta. Nicht zu vergessen die 18 Jahre alte Turnerin Kerri Strug, das neue »All American Girl«, die trotz verstauchten Knöchels zum Gewinn der ersten Mannschaftsgoldmedaille für die US-Damen überhaupt beitrug, und anschließend von ihrem rumänischen Trainer Bela Karoly auf die Arme genommen und quer durch die Halle getragen wurde. Der Lohn für die schmerzhafte Mühe: Mindestens fünf Millionen Dollar Einnahmen durch Auftritte in der Werbung.
Die Stimmung in der deutschen Mannschaft war in gewisser Hinsicht ein Spiegelbild der gesamten olympischen Tage von Atlanta, eine Mischung aus peinlichen Pannen und unerwarteten Höchstleistungen. Ausgerechnet die bisherigen Vorzeigesportler, die Fechter, patzten reihenweise. Nur einmal Bronze durch Anja Fichtel, Sabine Bau und Monika Weber im Florett-Mannschaftswettbewerb – das war das schwächste Ergebnis bei Olympischen Spielen seit 24 Jahren. Die Herren, bei denen seit Jahren dieselben altbewährten Kräfte an der nationalen Spitze stehen, gingen gänzlich leer aus und schwächten sie selbst durch den Streit zwischen dem Fahnenträger Arnd Schmitt und Elmar Borrmann, der gleichfalls für dieses Ehrenamt im Gespräch war. Handfesten Krach gab es auch bei den Schwimmern, wo die Berlinerin Franziska van Almsick auf ihrer Paradestrecke über 200 m Freistil die erhoffte Goldmedaille verfehlte. Vor laufenden Fernsehkameras kritisierte die deutsche Schwimmhoffnung anschließend die Funktionäre und bezeichnete die Führungsspitze im Deutschen Schwimm-Verband kurzerhand als »unfähig und unqualifiziert«. Unter diesen Umständen war es eher

Die amerikanische Schwimmerin Amy van Dyken (l.) und Sandra Völker begutachten ihre Medaillen.

verwunderlich, daß die deutschen Schwimmerinnen dank einer überragenden Dagmar Hase (dreimal Silber und einmal Bronze) und einer überzeugenden Sandra Völker (einmal Silber und zweimal Bronze) immerhin noch neun Medaillen holte. In den Mannschaftssportarten kamen nur die Hockey-Herren mit Platz vier in Medaillennähe, alle anderen mußten vorzeitig

Das obligatorische Küßchen auf dem Siegerpodest – Dagmar Hase (l.) und Michelle Smith

die Hoffnungen aufgeben; die Segler bewahrte allein der Soling-Skipper Jochen Schümann mit seiner Goldmedaille vor der totalen Pleite; Reck-Olympiasieger Andreas Wecker besserte im Alleingang die Bilanz der Turner auf; die Military-Reiter blieben erstmals seit 1972 ohne eine Medaille. Ihre Favoritenrolle bestätigten hingegen überzeugend die Dressurreiter und die Springreiter, die alle vier möglichen Goldmedaillen gewannen, und die Kanuten, die fünfmal Gold einheimsten. Zufriedenstellend auch die Bilanz der Judokämpfer und Boxer. Verlaß war in Atlanta auch wieder auf die Sportschützen: Am fünften Wettkampftag brach endlich der 28 Jahre alte Gewehrschütze Christian Klees aus Eutin den Bann und gewann im Kleinkaliber-Liegendkampf die erste Goldmedaille für die deutsche Olympiamannschaft in Atlanta. Bleibt die Leichtathletik, das Herzstück der Olympischen Spiele. Von den vier durch deutsche Athleten 1992 in Barcelona errungenen Goldmedaillen (5000 m der Herren, im Hochsprung, Weitsprung und im Speerwerfen der Frauen) konnte keine verteidigt werden. Dieter Baumann verfehlte über 5000 m als Vierter knapp olympisches Edelmetall, Heike Henkel und Heike Drechsler, konnten - wegen fehlender Leistung bzw. Verletzung - in Atlanta nicht antreten, Silke Renk kam beim Speerwerfen nicht über die Qualifikation hinaus. Dafür siegte der Chemnitzer Lars Riedel im Diskuswerfen, wurde Astrid Kumbernuss (Neubrandenburg) im Kugelstoßen ihrer Favoritenrolle gerecht und Ilke Wyludda (Chemnitz) deklassierte im Diskuswerfen die Konkurrenz.

Zum Shooting-Star des deutsche Teams wurde der 21jährige Banklehrling Frank Busemann, der sich erst 1995 wegen fehlender Perspektiven im Hürdensprint für den Wechsel zum Zehnkampf entschieden hatte. Er konnte als einziger dem Weltrekordler Dan O'Brien (USA) Paroli bieten. O'Brian stieg in Atlanta zum »König der Athleten« auf, nachdem er sich 1992 nicht hatte für Olympia qualifizieren können. Auch einen Doping-Skandal gab es: Den beiden russischen Bronzemedaillen-Gewinner Andrej Kornejew (Schwimmen) und Zafer Gulijew (Ringen) wurden ihre olympischen Auszeichnungen zunächst aberkannt, dann jedoch am Schluß der Spiele wieder zurückgegeben, nachdem die sog. Adhoc-Kammer des Internationalen Sport-Gerichtshofs entschieden hatte, daß die umstrittene Substanz Bromantan nicht zweifelsfrei als verbotenes Doping-Mittel gelten könnte.

Die große deutsche Zehnkampf-Hoffnung – Frank Busemann (l.)

Frankie Fredericks und Donovan Bailey – die dominierenden 100 m-Sprinter

Andreas Wecker war in einer ansonsten schwachen Turnriege der einzige Lichtblick – Gold am Reck.

Die Springreiter Ludger Beerbaum, Ulrich Kirchhoff, Lars Nieberg und Franke Sloothaak präsentieren stolz ihre Goldmedaillen im Mannschaftswettbewerb.

Noch bevor am 4. August um 22.51 Uhr Ortszeit das olympische Feuer im Olympiastadion von Atlanta erlosch, und Sydneys Bürgermeister Frank Sartori die olympische Fahne in Empfang nahm, versprachen die Veranstalter, sie würden einfach besser sein als Atlanta. Im Jahr 2000 soll es in der australischen Olympiastadt weder Sicherheitsprobleme noch organisatorischen Pannen geben. Die waren in Atlanta allerdings an der Tagesordnung.

Setzte die große deutsche Dressur-Tradition fort – Isabell Werth bei der Siegerehrung der Einzelwertung

Drehte die schnellsten Runden – Jens Fiedler, Sieger im Radsprint

Ständige Pannen mit dem Transportsystem sorgten für Unmut, das eigens aufgebaute olympische Informationssystem des Computerkonzerns IBM war teilweise lahmgelegt und sorgte für Verwirrung bei Zuschauern und Journalisten, die 42 000 freiwilligen und 50 000 bezahlten Helfer erwiesen sich zwar als freundlich und hilfsbereit, zugleich jedoch vielfach inkompetent. Die Weltpresse, aber auch die Zeitungen in den USA, reagierten zuerst ungläubig, dann mit ätzender Häme auf die zahllosen Pannen. »Vier Jahre nach den Spielen von Barcelona, zwei Jahre nach den Winterspielen von Lillehammer, bei denen die Organisation perfekt war, scheint man in ein Entwicklungsland gekommen zu sein«, schrieb die französische Tageszeitung »France-Soir«; die italienische »La Republica« erklärte kurz und bündig: »Nennt sie ruhig die Spiele des Chaos«, und selbst die »Los Angeles Times« sprach von den »am schlechtesten organisierten Spielen der Neuzeit«. Soviel Kritik rief natürlich Widerspruch hervor. Von Atlantas Stadtoberhaupt Bill Campbell ist der Vorschlag übermittelt, man solle »die Kritiker auf den Schießstand bringen, um sie dort loszuwerden«; »undankbar und weinerlich" seien diejenigen, die wie das IOC etwas an den Spielen herumzumeckern hätten, man wolle das »ständige Genörgel und Gestöhne nicht mehr hören«, schimpfte das »Atlanta Jour-

Kugelstoß-Olympiasiegerin Astrid Kumbernuss polierte die Bilanz der deutschen Leichtathletinnen auf.

Die einzige deutsche Goldmedaille im Segeln holte das Soling-Team um Steuermann Jochen Schümann.

nal« und Organisationschef Payne versuchte bis zuletzt, »seine« Spiele zu verteidigen: Für die Menschen in Atlanta, für die Besucher, für die Athleten und die Zuschauer an den Fernsehschirmen seien es »mit Sicherheit« die besten gewesen. Das sei für ihn nun einmal »wichtiger als das, was Mr. Smith, Mr. Jones und ein paar tausend andere dagegen sagen.« Wer Recht behält, werden andere entscheiden.

Kai Bluhm und Torsten Gutsche trugen mit zum hervorragenden Abschneiden der deutschen Kanuten bei.

Verkehrte Olympia-Welt im Zeitalter der Massenmedien

Das Schönste an Atlanta sei die Schlußfeier gewesen, die Athleten meinten das keineswegs ironisch, sondern als Kompliment, ganz ehrlich.

Davon gab es bezüglich der Wettkampfstätten viele, vor allem von Vertretern sogenannter Randsportarten. Diese wiederum sehen in olympischer Präsenz die einzige Chance zu öffentlicher Selbstdarstellung, werden sie doch ansonsten zwischen Olympischen Spielen vier Jahre lang von Zuschauern wie Medien hartnäckig ignoriert. Speziell in Deutschland befaßt sich der fuß- und filzballinteressierte Freund des häuslichen Pantoffelkinos fast ausschließlich bei Olympia mit Gewichtheben, Dressurreiten, Kanurennsport, Schießen oder Judo, kann man da doch Medaillentriumphe wahrer Amateure miterleben. So fieberten in Deutschland plötzlich acht Millionen mit Judoka Udo Quellmalz. Dabei waren »Yuko«, »Koka«, »Ippon« als Begriffe sicher Nebensache, Hauptsache der Deutsche gewann die Goldmedaille.

Auch die Schützen, endlich dank elektronischer Verbesserungen transparenter ins Bild gesetzt, und die Gewichtheber boten dank günstiger Zeitverschiebung Krimis zur besten Sendezeit. Überhaupt erlebten die Wettkämpfe der vor Jahren durch Dopingmanipulationen fast ins olympische Abseits gestellten starken Männer in Atlanta auch aufgrund des großen Zuschauerzuspruchs eine ungeahnte Neubelebung.

Wer hätte auch gedacht, daß Piaffen und Galoppwechsel eleganter Dressurpferde plötzlich einmal interessanter werden könnten als Slice und Topspin hochbezahlter Tennisspieler? Eigentlich hat Tennis bei Olympia nichts verloren, doch in Atlanta paßte das Rührstück Agassi gut zum Fernsehchauvinismus des amerikanischen Senders NBC. Vom Tennisunikum zum Olympiasieger – garniert mit Küßchen von Brooke Shields – so hat es der Amerikaner gern. Weniger erfreute uns das sogenannte Dream Team im Basketball, doch die Basketballmillionäre hatten angesichts ihrer Rolle die Lust verloren. Aus Sicherheitsgründen vorgeführt als Außenseiter der olympischen Gesellschaft, wohnhaft im Luxushotel fernab des Dorfes der gemeinen olympischen Durchschnittsamateure. Da mauserten sich eben andere zum Dream Team, zum Beispiel die weiblichen Gymnastikminiaturen aus den USA, oder Nigerias Fußballzauberer, die mit Siegen gegen Brasilien und Argentinien für einen wahrhaft olympischen Taumel auf dem schwarzen Kontinent sorgten.

Doch die Entdeckung dieser Spiele kannten viele vorher nicht: die Arbeitskleidung der Sportler war knapp bemessen, das Spielfeld aus feinem Sand, außenherum herrschte tolle Partystimmung, auf den Tribünen triumphierten Bikini und Silikon, beim Beachvolleyball ließ eben »Baywatch« grüßen. Olympia 1996 hatte seinen Renner, trendy, Fun-Sport modernster Prägung.

Da hatten es die sogenannten Königsdisziplinen schwer, denn Schwimmen bräuchte dringend telegenere Übersichtlichkeit, und die Leichtathletik degenerierte in Europa leider auf Grund der Zeitverschiebung zum Luxusgut für Nachteulen und solche, die es nicht werden wollten.

Fazit: Atlanta 96 bringt hoffentlich den Mauerblümchen unter den Sportarten neue Impulse, vor allem die Sportler hätten es verdient. In Sydney wird man sehen, ob sich dieser Trend fortsetzen wird, oder ob Sponsoren und TV-Gesellschaften wieder nach fernsehgerechten und damit besser zu vermarktenden Sportarten rufen. In vier Jahren werden wir es wissen.

Gerd Rubenbauer

Mit »Big Business« ins nächste olympische Jahrtausend

Das Martin Luther King-Denkmal erinnert an den berühmtesten Sohn der Olympiastadt.

Zur »größten Show des Jahrhunderts« lud die Südstaatenmetropole Atlanta, der Austragungsort der XXVI. Olympischen Sommerspiele 1996. Mit diesem Versprechen ließ die Hauptstadt des US-Bundesstaates Georgia alle Mitbewerber für die Austragung der Jubiläumsspiele hinter sich. Dazu zählte u.a. auch Athen, wo vor 100 Jahren die ersten Spiele der Neuzeit stattfanden und das sich aus historischen Gründen gute Chancen ausgerechnet hatte, die Spiele 1996 austragen zu dürfen.

Die Wahl Atlantas kam einer Richtungsentscheidung gleich. Zwar beruft sich die olympische Bewegung noch immer auf die idealistischen Ziele der Gründerfigur Pierre de Coubertin, aber das »Big Business« hat sich unter der Ägide des IOC-Präsidenten Antonio Samaranch einen festen Platz neben den fünf Ringen erobert.

Von Geschäften versteht die glitzernde Boomtown mit ihren Wolkenkratzern und edlen Einkaufspassagen eine ganze Menge. 750 der 1000 größten US-Unternehmen unterhalten Niederlassungen in der Südstaatenmetropole, die seit 110 Jahren auch Hauptsitz des weltweit größen Getränkeherstellers Coca-Cola ist. Das Unternehmen hatte zusammen mit der gleichfalls in Atlanta beheimateten Fernsehgesellschaft CNN maßgeblichen Anteil an der erfolgreichen Olympia-Bewerbung Atlantas. Neben neun anderen Großunternehmen wie IBM, KODAK und Visa gehörte Coca-Cola zu den Initiatoren des Sponsorenprogramms TOP III, aus dessen Pool rund 115 Mio. US-Dollar an das »Atlanta Comitee for The Olympic Games« unter Chef-Organisator Billy Paine flossen.

Touristisch hat Atlanta ebenfalls einiges zu bieten – etwa Underground. Das tief liegende Stadtviertel diente im US-amerikanischen Bürgerkrieg (1861–1865) als Lazarett für die Verwundeten beider Armeen, ehe es in der Folgezeit, von Brücken und Viadukten zugebaut, in Vergessenheit geriet. Erst nach 1945 wurde es »wiederentdeckt« und bietet heute mit seinen verwinkelten Gassen, kleinen Geschäften und originellen Restaurants einen malerischen Anblick. Im Kerngebiet von Atlanta leben rund 500 000 Einwohner, rechnet man allerdings die Vorstädte hinzu, ergibt sich ein stetig anwachsender Großraum mit 2,3 Mio. Menschen. Wie in allen Metropolen des Südens ist die schwarze Bevölkerung auch in der Hauptstadt von Georgia in der Mehrheit. Die sozialen Gegensätze zwischen schwarz und weiß, die seit über einem Jahrhundert die Geschichte der Südstaaten kennzeichnen, bekamen im Vorfeld der Spiele eine neue Dimension. Um den guten Gesamteindruck nicht zu stören, wurden viele von Schwarzen bewohnte Viertel »entwohnt«. Sozial schwache Mieter wurden aus ihren Häusern gedrängt, die verwaisten Bauten abgerissen und durch Neubauten und Sportstätten ersetzt. Darüber hinaus setzte die Polizei Obdachlose für den Zeitraum der Spiele im Gefängnis fest.

Beim Thema Sicherheit ließen die Organisatoren gleichfalls nicht mit sich spaßen. Nach einem Flugzeug-Absturz vor Long Island kurz vor Beginn der Spiele wurden die Sicherheitskräfte von 25 000 auf 30 000 Mann aufgestockt. Sicherheits-Checks waren in der City, vor und in den Sportstätten allgegenwärtig, besonders nach dem blutigen Bombenanschlag im Olympiapark.

Kritik an der Organisation entzündete sich am unzureichend gelösten Transportproblem. Das Nahverkehrssystem war dem Kundenandrang nicht gewachsen, ortsunkundige Busfahrer fuhren in die Irre, Staus verursachten fast täglich ein Verkehrschaos. Vor diesem Hintergrund konnten sich Zuschauer und Journalisten, die pünktlich am richtigen Wettkampfort eintrafen, als olympische Sieger fühlen.

Die Sportstätten selber boten dem Besucher ein imposantes Bild. Ebenso sehenswert wie das neuerbaute Olympiastadion, das 83 000 Menschen Platz bot, präsentierte sich der »Georgia Dome«, wo die Basketball-, Handball- und Kunstturn-Wettbewerbe vor maximal 75 000 Zuschauer stattfanden.

Machte die Spiele in Atlanta als Sponsor erst möglich – Coca Cola

ATLANTA

Die Skyline der Hauptstadt des US-Bundesstaates Georgia bei Nacht. Die Wirtschaftsmetropole ist gekennzeichnet durch moderne Bürotürme, die Verwaltungszentralen der in Atlanta angesiedelten Unternehmen.

Freiwillige Helferinnen offerieren Extraausgaben mit den wichtigsten Informationen zu den Spielen.

Nachbildung eines Hürdenläufers im Coca-Cola-Freizeitpark

Muhammad Ali, in den 60er und 70er Jahren die bestimmende Figur im Berufsboxen, ist an der »wall of respect« verewigt.

Die braune Limonade »verfolgt« die Besucher in Atlanta auf Schritt und Tritt.

Links: In ausdrucksstarken, bunten Wandbildern artikulieren sich zumeist die sozial unterprivilegierten Bewohner Atlantas.

Das alte Baseball-Stadion (im Hintergrund) und das Olympiastadion, das nach den olympischen Spielen die neue Wirkungsstätte der einheimischen Baseball-Mannschaft wird.

Olympia - Wettläufe zum Nutzen der Sponsoren

Nur im Alphabet ist der Schritt von Athen, dem Austragungsort der ersten Olympischen Spiele 1896, bis Atlanta klein. Die Entwicklung der Veranstaltung vom nahezu familiären Treffen engagierter Amateursportler zum anonymen »Unternehmen« Olympia ist hingegen gewaltig.

Kamen in Athen gerade einmal 300 Männer aus 13 Nationen zusammen, so kämpften in Atlanta über 10 000 Männer und Frauen aus 197 Staaten um das begehrte Edelmetall. Noch gravierender stellt sich der Wertewandel, dem sich das Internationale Olympische Komitee (un)freiwillig unterzogen hat, dar. Bis 1980 durften nur »lupenreine« Amateure an Olympischen Spielen teilnehmen, Verstöße gegen die Bestimmungen ahndete das IOC rigoros. Prominentestes Opfer dieser Politik wurde der finnische Läufer Paavo Nurmi, der – um Reisen zu Trainingscamps und Wettkämpfen zu finanzieren – Startgelder angenommen hatte und deshalb 1932 lebenslang gesperrt wurde. Erst mit dem seit 16 Jahren amtierenden Präsidenten Juan Antonio Samaranch setzte sich die Öffnung der Spiele für Berufssportler durch. Gleichzeitig forcierte Samaranch die Vermarktung der Spiele, wobei die Kehrseite der Kommerzialisierung auf dem Rücken der Sportler ausgetragen wird. Denn Sponsoren nehmen zunehmend Einfluß auf den olympischen Organisationsplan, der Beginn attraktiver Sportarten hat sich an werbewirksamen Sendezeiten zu orientieren. Die Athleten spielen mit, auch wenn nur die Sieger in Form lukrativer Werbeverträge Nutznießer dieser Bevormundung durch die Wirtschaft sind.

Atlanta feierte das Jubiläum farbenfroh und spektakulär

Riesenschmetterlinge, Tänzer und märchenhafte Puppen entführten das Publikum in eine Traumwelt.

Es war die angekündigte Show der Superlative: Die knapp fünfstündige Eröffnungsfeier der Spiele der 26. Olympiade begeisterte 83 000 Zuschauer im Olympiastadion an der Capitol Avenue ebenso wie die rd. 3,5 Mrd. TV-Zuschauer in aller Welt. Sie erlebten einen farbenfrohen Bilderreigen, den Star-Regisseur Don Mischer »komponiert« hatte.

Nach einem gigantischen Feuerwerk überflog eine Flugzeugstaffel der US-Air Force das Stadion. Angesichts des schweren Flugzeugunglücks am Tag zuvor vor der Küste New Yorks, bei dem über hundert Menschen ums Leben kamen, wurde diese Vorführung von vielen mit Unverständnis zur Kenntnis genommen, doch galt einmal mehr das Hollywood-Motto: »The show must go on«. Der olympische »Geist« rief die Völker der Welt mit Paukenschlägen zum Wettstreit zusammen. Zwischen den bunten Bändern in den Farben der Olympiaringe formierten sich Hunderte von Schülern zum Schriftzug »Atlanta – 100«.

Die Einstimmung auf das Sportfest ließen sich die Amerikaner 30 Millionen Dollar kosten.

Mehr als 7000 Aktive präsentierten dann die wechselvolle Geschichte des Staates Georgia durch die Jahrhunderte. Als kunstvolle Schmetterlinge verkleidet, erzählten sie in einer von Lichterspielen und Bewegung geprägten Darstellung von der Blüte, von der Vernichtung und vom glanzvollen Wiederaufstieg des Südstaates.

Schattenspiele, bei denen Diskuswerfer, Bogenschützen, Ringer, Läufer und Speerwerfer die klassischen Disziplinen nachstellten, schlugen einen Bogen zum antiken Olympia. Die zahlreichen Anspielungen auf die 100jährige Geschichte der Spiele der Neuzeit wurden gekonnt, aber mitunter ausgesprochen plakativ eingesetzt, um der Weltöffentlichkeit zu beweisen: Atlanta als Ausrichter der »Jahrhundert-Spiele« setzt neue Maßstäbe.

Schließlich stellten die Mitwirkenden die moderne Olympiastadt voller Lebensfreude und Ideenreichtum mit Musik, Gesang, Tanz, Cheerleadern und einem Großaufgebot an Pick-up-Lastwagen des Sponsors General Motors im Innenraum vor. Ebenso beeindruckend wie die Auftritte der Bühnenstars Gladys Knight und Jessye Norman war die Einspielung von Martin Luther Kings Appell zur Rassenintegration »I have a dream« via Leinwand – noch einmal bewegten die Worte des ermordeten prominentesten Sohnes der Stadt die Stadionbesucher. Spektakulär aber auch der Aufmarsch früherer Olympioniken, angeführt vom ältesten noch lebenden Olympiasieger, dem inzwischen 97jährigen Leon Stukelji (1924 zweimal Gold im Turnen), Dawn Fraser, Bob Beamon, Mark Spitz und Vitali Scherbo, 1992 in Barcelona sechsfacher Goldmedaillengewinner im Turnen für die damalige GUS .

Und schließlich wurde auch die wie ein Staatsgeheimnis gehütete Frage, wer das olympische Feuer entzünden würde, beantwortet. Es war nicht Evander Holyfield, der die Flamme ins Stadion trug, es war auch nicht die Griechin Patoulidou Paraskevi, die sich anschloß, und es war auch nicht Janet Evans, die mit der Fackel die Rampe emporlief. Brausender Applaus brandete auf, als die Legende des Box-Sports ins Scheinwerferlicht trat: Muhammad Ali – Halbschwergewichts-Olympiasieger 1960 und später als Schwergewichtschampion »der Größte« – inzwischen schwer gezeichnet von der Parkinsonschen Krankheit, schickte die Flamme auf den Weg in die Feuerschale. Eine Szene, die von vielen Beobachtern mit gemischten Gefühlen beobachtet wurde: Die Verbeugung der Organisatoren vor einem großen Sportler geriet angesichts des weit fortgeschrittenen Verfalls des kranken Ali zur Farce.

Der Aufmarsch der Aktiven aus 197 Staaten der Welt nahm allein 80 Minuten in Anspruch und war von großen organisatorischen Mängeln begleitet. Auf der steilen Rampe ins Stadion kamen etliche Athleten ins Rutschen und zogen sich Verletzungen zu. »Es fehlte nur noch die Peitsche, dann wäre der Viehauftrieb perfekt gewesen«, beklagte der Athletenvertreter der deutschen Mannschaft, Martin Zawieja, das Verhalten der amerikanischen Ordnungskräfte, die die Aktiven viel zu spät zum Einmarsch aufgerufen und dann zur Eile angetrieben hätten. Kreislaufzusammenbrüche einiger Teilnehmer, die vor der Zeremonie stundenlang vor den Toren des Stadions ausharren mußten, und der tödliche Herzinfarkt des polnischen Delegationsleiters Jevgenius Pietrasik überschatteten die für die Zuschauer perfekte Inszenierung.

Die olympische Flamme wurde gerade von Muhammad Ali entzündet.

Evander Holyfield (l.) und Patoulidou Paraskevi tragen die olympische Flamme.

Olympia feierte 100. Geburtstag – Atlanta richtete die Party perfekt aus.

Bunt, aber nicht kitschig, phantasievoll und immer unterhaltsam – so begannen die Spiele in Atlanta.

t schwungvollen Tanzeinlagen d einer unterhaltsamen Cho- ographie zog die Eröffnung das blikum in den Bann.

Die olympische Flagge wird am Fahnenmast emporgezogen.

Millionen erlebten einen traurigen Höhepunkt

Die Überraschung war perfekt: Plötzlich stand Muhammad Ali im Blitzlichtgewitter, Box-Olympiasieger von Rom 1960 und dreifacher Profi-Weltmeister im Schwergewicht, um das Olympische Feuer zu entzünden. Die Zuschauer schwiegen ergriffen. »Der Größte«, schwer von seiner unheilbaren Krankheit, dem Parkinson-Syndrom, gezeichnet, hielt die Fackel reglos in der rechten Hand, wobei seine linke Hand deutlich erkennbar zitterte. Seine Krankheit, begleitet von Lähmungserscheinungen und Sprachstörungen, war seit langem bekannt. Ausgelöst wurde sie womöglich durch den berühmten »einen Kampf zuviel«. Erstmals aber stellte sich der Mann, der bekannt war für seine spielerische Leichtigkeit im Ring und für seine flinken Beine und Fäuste, die nur noch durch die Schnelligkeit seiner Zunge übertroffen wurden, dem Blick von 3,5 Milliarden Menschen. Mitleid und die Frage, ob man Ali diesen Auftritt nicht hätte ersparen können, waren die ersten Reaktionen beim Betrachter. Suchten die Organisatoren allzu offensichtlich den »human touch«, wurde hier etwa mit professionellem Kalkül auf dem Rücken eines kranken Heroen ein Rührstück inszeniert? Die Zuschauer reagierten auf ihre Weise. Jubel brandete auf, eine Mischung aus Erschütterung, Anteilnahme und unendlich viel Respekt. Später wurde bekannt, daß Ali sich diesen letzten Moment olympischer Huldigung, auch als Dankeschön an seine Millionen Fans, auf keinen Fall nehmen lassen wollte. Kein Zweifel, es war ein emotionaler Höhepunkt der gesamten Spiele. Das Sinnbild für Glanz und Verfall des großen Sports.

SPRINT MÄNNER

Bailey entscheidet das Nervenspiel für sich

Das Rennen der schnellsten Männer der Welt hielt, was es versprach und hatte seine eigene, dramatische Choreographie – und wie so häufig war es eine Frage der Nerven. Das Ergebnis vorweg: Im vierten Anlauf, nach drei Fehlstarts, siegte der in Jamaika geborene Kanadier Donovan Bailey vor Frankie Fredericks aus Namibia, Bronze ging an den jungen Ato Boldon aus Trinidad. Bailey, der nach 50 Metern förmlich explodierte, lief mit 9,84 sec außerdem noch Weltrekord. Nur einmal, 1988 in Seoul, hatte ein Mensch die 100 Meter schneller zurückgelegt. Es war der später des Dopings überführte Ben Johnson, ein Landsmann Baileys, der ebenfalls von der Karibikinsel stammt. Mit weit offenstehenden Augen und aufgerissenem Mund lief der Sieger über den Zielstrich und rief: »Dieses Gold ist für Jamaika. Ich bin in Jamaika geboren, vergeßt das bloß nicht. Ich widme dieses Gold allen fetten Verwandten in Jamaika!«.
Acht Läufer standen zu Beginn des Wettbewerbs am Start, um im Olympiastadion den Titel des Sprinterkönigs unter sich auszumachen. Auf Bahn 2 der britische Titelverteidiger Linford Christie, neben ihm Boldon aus Trinidad, auf Bahn 5 der in diesem Jahr noch ungeschlagene Topfavorit Fredericks aus Namibia, auf Bahn 6 glänzte der Glatzkopf des Donovan Bailey. Dazu die US-Amerikaner Mike Marsh, Dennis Mitchell und Michael Green sowie der Nigerianer Davidson Ezinwa. Der 36jährige Christie wirkt hochkonzentriert und in sich gekehrt, der vor Ehrgeiz sprühende Ato Boldon stolzierte mit einer albernen orangenen Brille herum, während Bailey entspannt und locker seine Späße trieb.
Der erste Fehlstart wurde Christie zugeschrieben, der im Bewußtsein seines etwas langsamer gewordenen Antritts offensichtlich auf »Alles oder nichts« setzte. Auch der zweite Versuch wurde zurückgeschossen und Ato Boldon »gutgeschrieben«. Der dritte Fehlstart war mit dem bloßen Auge nicht zu erkennen. Erst die Elektronik überführte erneut Christie, was für ihn die Disqualifikation nach sich zog. Der Brite konnte es nicht fassen, lächelte ungläubig und verließ die Bahn erst nach mehrmaliger Aufforderung, nicht ohne vorher das rote Kärtchen des Kampfrichters auf den Boden zu werfen. Ein tragischer Abschied für einen großen Athleten.
In den Katakomben des Stadions kam es noch zu einem Auftritt, der die Anspannung der Athleten verdeutlichte. Der von seinem Abschneiden enttäuschte Boldon ging den deprimierten Christie scharf an. Christie habe ihn mit seinen Fehlstarts irritiert und ihn um Gold gebracht. Frankie Fredericks verhinderte, daß die Streithähne mit Fäusten aufeinander losgingen.

Donovan Bailey überquert als erster die Ziellinie – und das in neuer Weltrekordzeit.

Im Finale der 110-m-Hürden hatte der Deutsche Leichtathletik-Verband mit Florian Schwarthoff ein heißes Eisen im Feuer. Für den Architekturstudenten galt es zunächst, sein »Stolpertrauma« zu überwinden, daß er sich bei der WM in Göteborg 1995 zugezogen hatte. Dort touchierte er eine Hürde und beendete das Rennen platt auf dem Bauch liegend. Auch in Atlanta war der hochgewachsene Sprinter im Zwischenlauf einmal kurz gestrauchelt, konnte sich aber dennoch sicher für das Finale qualifizieren. Im Endlauf touchierte der großartig kämpfende Schwarthoff erneut das achte Hindernis, stieß in einem packenden Finish kurz vor dem Zielstrich aber seinen Hals nach vorne und sicherte sich in 13,17 Sekunden die Bronzemedaille. Gold gewann überlegen der US-Amerikaner Allen Johnson, Silber ging an dessen Landsmann Mark Crear. Schwarthoff, erster Medaillengewinner des DLV in einer Sprintdisziplin seit langem, war überglücklich (»Ich habe sie, ich habe sie«). Der erste Dank galt seiner Mutter:»Gut, daß sie mich so prächtig durchgefüttert hat. Heute habe ich jeden Zentimeter meines Körpers gebraucht.«

Rechts: Seht her, ich bin der neue Sprinterkönig – Donovan Bailey nach dem Zieleinlauf.

Vorhergehende Seite: Die Beine der schnellsten Frau der Welt, Gail Devers, wenige Sekunden vor dem Finallauf.

CANADA
Atlanta 1996
1192

Unumstrittener Superstar in den Laufdisziplinen war der US-Amerikaner Michael Johnson, der zwei »angekündigte« Goldmedaillen über 200 und 400 m holte und einen Fabelweltrekord über 200 Meter lief.
Johnson, dessen Markenzeichen goldene Laufschuhe sind, gewann die 400 m, auf denen er seit 1989 unbesiegt ist, von der Spitze weg in grandiosen 43,49 sec. Dabei ließ er den Nächstplazierten Roger Black (GBR) und Davis Kamoga (UGA) nicht den Hauch einer Chance. Johnson hatte das »historische Double« angekündigt, er wollte als erster sowohl die 400 m als auch die 200 m gewinnen. So einmalig, wie der ganz von seiner »Mission« erfüllte Sprinter es glauben machen wollte, war das Vorhaben, Doppel-Olympiasieger zu werden, allerdings nicht, denn 1984 gewann die US-Athletin Valerie Brisco-Hooks bereits zweimal Gold über die gleichen Distanzen. Aber der etwas überheblich wirkende Athlet, der stets von Bodyguards umringt war, verstand es, immer wieder Werbung in eigener Sache zu machen. Und er plante seinen Coup generalstabsmäßig. Zusammen mit Manager Bradley Hunt hatte Johnson einen genauen Zeit- und Laufplan ausgearbeitet, den er bei den Organisatoren durchsetzte. Eigens für ihn wurde die Ansetzung der Läufe so geändert, daß Johnson an beiden Wettbewerbe teilnehmen konnte.
In seinem typischen, wegen des durchgedrückten Rückens ungewöhnlich aufrechten Laufstil kam Johnson im 200 m-Finale bereits mit großem Vorsprung aus der Kurve und stürmte mit schnellen Schritten in sagenhaften 19,32 sec ins Ziel.
Die Zuschauer im Stadionrund wurden unmittelbar nach diesem Finale vom Stadionsprecher auf die angebliche Dimension dieses Laufs aufmerksam gemacht: »Sie erleben gerade einen historischen Augenblick der Olympischen Spiele«.
Auf der Pressekonferenz nach dem Rennen, die wegen Überfüllung geschlossen werden mußte, sagte der Ausnahmekönner: »Das Double war immer der große Plan meines Lebens. Ich habe gemerkt, daß dies das schnellste Rennen meines Lebens ist. Ich wollte in Atlanta unbedingt Geschichte machen und das ist mir gelungen. «
Die Analyse des Wunderlaufs versetzte die Sprint-Konkurrenz in Angst und Schrecken. Johnson legte die ersten 100 Meter mit 10,12 sec noch relativ gemächlich zurück. Damit hätte er im 100-Meter-Lauf nicht mal das Finale erreicht. Die zweiten 100 Meter rannte er aber in phänomenalen 9,20 sec. Sein Weltrekord über 200 Meter wird nach Ansicht von Experten lange Zeit Bestand haben.

Linford Christie (GBR) wurde nach zwei Fehlstarts über 100 m disqualifiziert.

Florian Schwarthoff fliegt über die Hürden und kommt als Dritter ins Ziel.

Eingehüllt in die US-Flagge läßt sich Michael Johnson vom Publikum feiern.

Der Superstar der Spiele – Michael Johnson auf dem Weg zum 200 m-Gold

Soeben hat Michael Johnson einen Fabelweltrekord von 19,32 sec aufgestellt.

Oben: Die kanadische 4 x 100-m-Staffel schlug den favorisierten Amerikanern ein Schnippchen und holte Gold.

Florian Schwarthoff (l.) gratuliert Allen Johnson; rechts Johnsons Tochter.

adidas
Atlanta

Haile Gebrselassie lief sich blutige Füße über 10 000 Meter

Über 10 000 m nicht zu schlagen, über 5000 wegen einer Verletzung nicht am Start: der Äthiopier Haile Gebrselassie

Die deutschen Mittel- und Langstreckler hatten sich vor allem vorgenommen, dem Publikum eine hervorragende Leistung zu bieten. Wenn eine Medaille dabei herausspringen sollte - umso besser. Mit einer Medaille wurde es nichts in Atlanta, weder für Dieter Baumann noch für Nico Motchebon - aber ihre Leistungen stimmten.

Nachdem die Chancen für Dieter Baumann, den Olympiasieger von 1992 im 5000 m-Lauf, durch den verletzungsbedingten Ausfall des »Wunderläufers« Haile Gebrselassie aus Äthiopien deutlich gestiegen zu sein schienen, hofften viele im deutschen Leichtathletik-Team auf eine Medaille für den Schwaben. Gebrselassie, so waren sich die Experten vor Ort – Baumann eingeschlossen – einig, wäre nicht zu bezwingen gewesen. Aber jetzt schien ein Erfolg möglich. Doch obwohl Dieter Baumann wieder einmal ein bravouröses Rennen lief, kämpfte, mit 13:08,81 min persönliche Jahresbestzeit lief und ausgepumpt im Ziel ankam, reichte es »nur« zu Platz vier. Ehefrau und Trainerin Isabell konnte die Tränen der Enttäuschung nicht zurückhalten, während ihr Ehemann jedoch kaum enttäuscht war und sogar strahlte: »Was wollt Ihr? Es war ein tolles Rennen. Ich kann nicht schneller als schnell laufen. Und ein vierter Platz bei Olympischen Spielen - das ist doch gar nicht so schlecht«, nahm er Kritikern den Wind aus den Segeln.

Außergewöhnlich schnell gingen die 5000 m-Läufer das Rennen an. Zwischenzeitlich schien sogar eine Endzeit unter 13 Minuten möglich zu sein. Zwei Runden vor Schluß setzte der 22jährige Venuste Niyongabo aus Burundi zur entscheidenden Attacke an. Weder der große Paul Bitok, noch der frenetisch angefeuerte Amerikaner Bob Kennedy und auch nicht Dieter Baumann konnten folgen. Niyongbo lief nach hervorragenden 13:07,96 min durchs Ziel. Baumann lieferte sich noch mit dem Drittplazierten, dem Marokkaner Khalid Boulami ein hartes und packendes Finish, konnte aber nicht mehr in die Medaillenränge vorstoßen. Vom Ende seiner Karriere sprach Dieter Baumann in Atlanta keineswegs. Vielmehr hat der Athlet noch große Pläne für die kommenden Jahre. Nach einer ausgedehnten Pause und der Titelverteidigung bei der Europameisterschaft 1998 will er sein Glück im Marathonlauf versuchen. »Meine Geschichte ist noch ohne Happy End, aber dafür werde ich noch sorgen«, erklärte Baumann zu diesem Thema.

Auf die kürzeren Strecken hat sich der Berliner Nico Motchebon konzentriert. Der 26jährige Informatik-Student trat im 800 m-Lauf an und war bis ins Finale vorgedrungen. Persönliche Bestzeit hatte er sich für den Endlauf vorgenommen. 1:43,91 min standen für ihn nach dem Ende des Rennens zu Buche, tatsächlich persönliche Bestzeit. »Mit einer Zeit unter 1:44 min ist auf jeden Fall eine Medaille drin«, hatte Motchebon vor dem Rennen noch gehofft. Doch da hatte der frühere Fünfkämpfer seine Konkurrenten unterschätzt. Trotz seiner guten Zeit kam Motchebon über den fünften Platz nicht hinaus.

Platz eins in dem hochklassigen Finale holte sich mit einem fulminanten Schlußspurt der Norweger Vebjörn Rodal. Der »starke Bär«, wie sein Vorname übersetzt heißt, rannte allen favorisierten afrikanischen Läufern davon und gewann für Norwegen das erste Leichtathletik-Gold seit 40 Jahren. In dem Wintersportland löste er mit dieser Leistung einen regelrechten Leichtathletik-Boom aus.

Vielleicht waren die ungewöhnlichen Trainingsmethoden des Norwegers für seinen Erfolg mitverantwortlich. Dabei paßte Vebjörn Rodals Vorbereitung so gar nicht in die ausgetüftelten Trainings- und Ernährungspläne der meisten Top-Athleten in der Leichtathletik. Statt in Höhenluft trainierte Rodal in der Röhre eines stillgelegten Wasserwerks, die er eigens für seine Bedürfnisse umgebaut hatte. Eine 350 m

Er gab alles, aber es reichte nicht: Dieter Baumann konnte seinen Erfolg von 1992 über 5000 m (Gold in Barcelona) nicht wiederholen.

Kenianischer Doppelsieg über 3000 m Hindernis: J. Keter und M. Kiptanui

lange Kunststoffbahn hat der Naturbursche aus der Provinz dort ausgelegt. Etwas stickig sei es dort zwar, »aber gerade richtig für Tempoläufe«, erklärte Rodal, der sich bislang konstant weigerte, aus seinem kleinen Dorf Berkak

Nico Motchebon schaffte es bis ins 800 m-Finale, wo er einen ausgezeichneten fünften Platz belegte.

in die Hauptstadt Oslo zu ziehen. Auf jeden Fall war der Norweger in Atlanta auf den Punkt fit. Auch als er im Vorlauf nur als Dritter abschloß, nagte das keineswegs an seinem Selbstvertrauen. Als erster wolle er unter 1:40 laufen, kündigte er publicityträchtig an. Nach einem unwiderstehlichen Endspurt, dem die Konkurrenten nichts mehr entgegenzusetzen hatten, gab er sich aber auch mit Gold und 1:42,58 min erst einmal zufrieden.

Triumph und Enttäuschung liegen oft eng beieinander. Dies mußte in Atlanta auch der als unschlagbar geltende Haile Gebrselassie spüren. Im 10 000 m-Lauf siegte der Wunderläufer aus Äthiopien zwar wie erwartet und souverän, aber auf der anschließenden Pressekonferenz geriet er mächtig in Rage. Mit offenen Blasen und Blut im Schuh hatte er sich über die letzte Runde quälen müssen. »Ich weiß nicht, wer diese Bahn gebaut hat. Die ist hart wie Asphalt und für Langstreckenläufer überhaupt nicht geeignet«, schimpfte der Afrikaner, der seine Ehrenrunde nur unter Schmerzen und schleichend absolvieren konnte. Aufgrund seiner Verletzung mußte der 1,60 m große Gebrselassie die Teilnahme am 5000 m-Lauf absagen.

Schade, denn es war wie immer ein Genuß, dem Ausnahmeathleten auf seinem 10 000 m langen Weg zum olympischen Gold auf der Wettkampfbahn zuzusehen. Der Polizist aus Addis Abeba, der den Sommer über in den Niederlanden bei seinem Manager lebt, war erneut eine Klasse für sich. Dies wird schon dadurch illustriert, daß Gebrselassie die letzten 5000 m exakt in der Zeit zurücklegte, die Dieter Baumann bei seinem Olympiasieg in Barcelona über diese Distanz benötigt hatte. Verständlich, daß Stephane Franke aus Kornwestheim, der schnellste

Im Ziel des 5000 m-Laufs triumphiert V. Niyongabo aus Burundi vor Paul Bitok, der bereits 1992 Silber gewonnen hatte.

Josia Thugwane (RSA, r., Gold) und Lee Bong-Ju (KOR) siegten im Marathon.

Erschöpft brach J. Perez (ECU) nach seinem Sieg im 20 km-Gehen zusammen.

Vebjörn Rodal (NOR) hieß der überraschende Gewinner über 800 m.

Weiße dieses Rennens, das Tempo im Finallauf nur als »mörderisch« und »unmenschlich« beschreiben konnte. Bereits im Vorlauf verabschiedete sich der Berliner Michael Gottschalk aus dem 1500 m-Wettbewerb. Mit indiskutablen 3:56:46 min blieb er ganze 20 Sekunden unter seiner Bestzeit. Obwohl er versprach: »In Sydney wird alles besser«, hagelte es massive Kritik an dem dürftigen Ergebnis.

Der Pole Robert Korzeniowski freut sich im Ziel über seinen Olympiasieg im 50 km-Gehen.

Die letzte Goldmedaille in den olympischen Leichtathletik-Wettbewerben sicherte sich ein Außenseiter. Der Südafrikaner Josia Thugwane gewann überraschend Gold im Marathonlauf. Als erster Schwarzer stand er für sein Land ganz oben auf dem Treppchen. Der erklärte Favorit, Martin Fiz aus Spanien, hatte sich zu spät auf die Verfolgung des führenden Trios gemacht und kam als Vierter ins Olympiastadion.
Der Marathonlauf war spannend wie selten. Zunächst hatte sich eine Spitzengruppen aus 22 Läufern gefunden, die bis Kilometer 30 einträchtig zusammenliefen. Dann verschärften Thugwane, der Südkoreaner Lee Bong-Ju und der Kenianer Eric Wainaina das Tempo und konnten sich schnell absetzen. In dieser Reihenfolge liefen sie auch ins Stadion ein. Bemerkenswert, daß bei einem Marathonlauf die besten drei Läufer in der Schlußrunde zusammenlaufen. Hinter dem Südafrikaner folgte der Südkoreaner mit nur drei Sekunden Rückstand. Der Kenianer querte mit lediglich acht Sekunden Rückstand auf den Sieger die Ziellinie. Steffen Freigang, in Barcelona noch Dritter, war irgendwann ausgestiegen. Der 38jährige Polizeibeamte Konrad Dobler quälte sich als 48. Ziel.

Mit Noureddine Morceli (Algerien) setzte sich der Top-Favorit über 1500 m vor Fermin Cacho (ESP) durch.

Die Anzeigetafel würdigt Carl Lewis' historische Leistung (ganz o.), während Weltrekordler Mike Powell (o.) zutiefst enttäuscht ist.

Goldschürfer in der olympischen Weitsprunganlage: Carl Lewis an der Stätte seines Triumphes (oben) und als einer der strahlendsten Sieger dieser Spiele, der sich von den Massen im Stadion minutenlang feiern läßt (rechts)

Mit einem Riesensatz ins Herz der Nation: Amerika liegt Carl Lewis zu Füßen

Der große alte Mann der Leichtathletik schrieb sich in Atlanta endgültig in die olympischen Annalen ein. Zum vierten Mal in Folge gewann der immerhin schon 35 Jahre alte Amerikaner Carl Lewis den Weitsprung und rückte damit neben dem finnischen Wunderläufer Paavo Nurmi an die Spitze der ewigen Bestenliste in der olympischen Leichtathletik auf.

Beide gewannen neunmal Gold – Nurmi zwischen 1920 und 1928, Lewis seit 1984, als er in Los Angeles kometenhaft aufstieg. 83 000 Zuschauer feierten »Carl the King«, als er – eingehüllt in die »Stars and Stripes« – seine Ehrenrunde im Stadion drehte. Keiner seiner Konkurrenten hatte ihn zuvor im Weitsprung gefährden können. Ivan Pedroso aus Kuba, Weltmeister von 1995, wurde mit 7,75 m nur Zwölfter, Weltrekordler Mike Powell (USA) blieb bei 8,17 m stecken. Für Carl Lewis reichten die 8,50 m, erzielt im dritten Versuch bei 1,3 m/sec Gegenwind, zum Sieg vor James Beckford (Jamaika) mit 8,29 m und dem zweiten US-Springer Joe Greene (8,24 m).

Auch im Dreisprung triumphierte ein Sportler aus den USA: Kenny Harrison,

Am Boden zerstört: Javier Sotomayor (CUB), 1992 Olympiasieger, jetzt abgeschlagen

Links außen: Deutlich jenseits der 8-Meter-Marke landete Carl Lewis bei seinem »goldenen« dritten Versuch im Weitsprung.

Riskierte alles und gewann: Hochsprungsieger Charles Austin (USA), der, ohne vorher die 2,37 m übersprungen zu haben, mit 2,39 m die Konkurrenz übertrumpfte.

Gespenstisch hoch sprang Jean Galfione, der sich hier, in die französische Nationalfahne eingehüllt, wie ein Geist präsentiert. Die Siegerhöhe von 5,92 m schafften allerdings auch noch der Zweit- und Drittplazierte.

Im Zenit: Fiberglasstäbe ermöglichen im Stabhochsprung Höhen von fast 6 m.

der Lebensgefährte der Sprinterin Gail Devers, behielt mit 18,09 m deutlich die Oberhand gegenüber dem britischen Weltrekordler Jonathan Edwards, der es auf 17,88 m brachte. Zuvor war der »Welt-Leichtathlet« des Jahres 1995, als er seinen Rekord von 18,29 m aufgestellt hatte, in nicht weniger als 21 Wettkämpfen hintereinander ungeschlagen geblieben.

Einen weiteren Favoritensturz sah der Hochsprung: Javier Sotomayor, der kubanische Weltrekordler (2,45 m), scheiterte dreimal an 2,32 m (Platz elf). Nervenstärker war Charles Austin (USA). Nachdem er die Latte zweimal bei 2,37 m gerissen hatte, ließ er 2,39 m auflegen, die er im dritten Versuch überquerte. Er gewann vor Artur Partyka (POL) und Steve Smith (GBR).

Im Stabhochsprung war für zwei Topstars schon in der Qualifikation Schluß. Der Ukrainer Sergei Bubka trat wegen Verletzung nicht an, der Südafrikaner Okkert Brits riß dreimal seine Anfangshöhe von 5,60 m. So war der Weg frei für den Franzosen Jean Galfione, der vor dem Russen Igor Trandenkow und Andrej Tiwontschik (GER) die Goldmedaille gewann (alle 5,92 m).

Lars Riedel (o.) machte es im Diskuswerfen spannend: Ein herausragender Wurf in einer unbeständigen Serie reichte zu Gold.

Nur um zwölf Zentimeter übertraf Balasz Kiss (HUN) im Hammerwerfen den Zweitplazierten, Lance Deal (USA).

Lars Riedel reicht ein »Hammerwurf« zum Gold im Diskuswettbewerb

Im fünften Versuch schleuderte der Chemnitzer Diskuswerfer Lars Riedel im Olympiastadion von Atlanta die Scheibe auf 69,40 m und entschied den Wettbewerb für sich. Dabei schien sich im Vorkampf das Drama von Barcelona von 1992 zu wiederholen, wo er als hoher Favorit an den eigenen Nerven gescheitert war: Beim ersten Versuch blieb die Scheibe im Wurfkäfig hängen, seinen zweiten machte er selbst durch Übertreten ungültig, erst im dritten erreichte er mit 65,40 m die für das Weiterkommen nötige Weite. Wurf Nummer vier (63,10 m) war wieder zu kurz, dann aber, im fünften Versuch, schleuderte Riedel den Diskus »scharf und weit«, wie er selbst sagte, in den feucht-schwülen Nachthimmel Atlantas: Platz eins, Sieg, Goldmedaille.

Silber und Bronze gewannen die beiden Weißrussen Wladimir Dubrowtschik (66,60 m) und Wassili Kaptjuch (65,80 m). Jürgen Schult, mit seinen 74,08 m aus dem Jahr 1986 immer noch Weltrekordhalter, kam mit 64,42 m auf Platz sechs.

In den drei anderen technischen Disziplinen blieben deutsche Erfolgserlebnisse aus. Im Kugelstoßen gab es einen amerikanischen Doppelerfolg: Weltrekordhalter Randy Barnes siegte mit 21,62 m vor seinem Landsmann John Godina (20,79 m) und dem Ukrainer Alexander Bagatsch (20,75 m). Oliver-Sven Buder belegte mit 20,51 m Platz fünf. Die gleiche Plazierung erreichte Hammerwerfer Heinz Weis. Pech für ihn: Ein 81-m-Wurf landete knapp außerhalb des gültigen Sektors. Gold gewann der jüngste aller Spitzenwerfer, der 24 Jahre alte Ungar Balasz Kiss, der mit 81,24 m Lance Deal (USA) auf Platz zwei verwies.

Knapp an einer Medaille vorbei schrammten die deutschen Speerwerfer: Bis zum letzten Versuch lag Raymond Hecht mit 86,88 m auf Bronze-Kurs, bis ihn der Finne Seppo Räty noch um 10 cm übertraf. Gold gewann der favorisierte tschechische Weltrekordler und Titelverteidiger Jan Zelezny mit 88,16 m vor Steve Backley aus Großbritannien (87,44 m).

Lars Riedel (hier nach dem Diskus-Sieg) förderte sein Image vom »Modellathleten«, indem er sich nackt als Bronzestatue modellieren ließ.

Oben: Speerwerfer Raymond Hecht (GER) landete auf Rang vier.

Links: Gold im Speerwurf für Jan Zelezny (CZE)

Was soll ich machen? Boris Henry (GER) schleuderte den Speer auf gute 85,68 m, die trotzdem nur für Platz fünf reichten.

Weltrekordler Randy Barnes (USA) distanzierte mit 21,62 m den Zweiten im Kugelstoßen, John Godina (ebenfalls USA), um fast einen Meter.

Nobody wirbelt die Hierarchie im Zehnkampf durcheinander

Ihn hatte keiner auf der Rechnung, die Experten nicht und ganz besonders Weltrekordler Dan O'Brian nicht, der nach dem ersten Wettkampftag der Zehnkämpfer immer wieder fragte: »Who is Busman«?

Am Ende wußte er es, denn da hatte der Deutsche sensationell die Silbermedaille gewonnen. Gemeint war Frank Busemann, der nicht nur für den Amerikaner ein unbeschriebenes Blatt war. Kein Wunder, denn der gebürtige Recklinghäuser, der für die LG Olympia Dortmund startet, bestritt in Atlanta erst seinen fünften Zehnkampf und wartete gleich mit Bestleistungen in Serie auf.

Begonnen hatte alles bei den Spielen 1992 in Barcelona. Da saß der damals 17jährige Hürdensprinter verletzt mit Vater und Trainer Franz-Josef auf der Tribüne und bewunderte die Zehnkämpfer: »Das will ich auch«, rechnete er sich mehr Chancen aus als im Hürdensprint. Die Olympischen Spiele in Sydney 2000 waren eigentlich das Ziel, doch nach überraschend guten Ergebnissen meldete der Banklehrling vorsichtshalber schon einmal Urlaub für Atlanta an. Beim Europacup-Sieg des deutschen Teams in Lage – zugleich Qualifikation für Atlanta – ließ Busemann die Sportwelt erstmals aufhorchen: 8522 Punkte bedeuteten den Sprung an die internationale Spitze.

Und dann also Atlanta: Furios startete das Multitalent über 100 m in 10,60 sec, ehe er im Weitsprung 8,07 m »nachlegte« – nur zwei Athleten waren innerhalb eines Zehnkampfes bisher weiter gesprungen. »Mit Gewalt, aber ohne Technik« stieß er die Kugel auf 13,60 m, im Hochsprung stellt er mit 2,04 m seine Bestleistung ein. Nach dem 400 m-Lauf zum Abschluß des ersten Tages (48,34 sec, persönliche Bestzeit) lag er auf Medaillenkurs.

Deutlich in Führung zu diesem Zeitpunkt Dan O'Brian: Der dreimalige Weltmeister, der 1992 in der Olympia-Qualifikation gescheitert war, steuerte sogar auf Weltrekord zu.

Am zweiten Tag schockte Busemann die Konkurrenz erneut: 13,47 sec über 110 m Hürden – Weltrekord innerhalb eines Zehnkampfes. Keine Frage, was folgte, wenn einer derart unbekümmert an eine Aufgabe herangeht: Zehnkampf-Bestleistung für den Linkshänder mit 45,04 m beim Diskuswurf, Einstellung der Bestleistung beim Stabhochsprung (4,80 m).

Spannung nach der achten Disziplin: Den Tschechen Thomas Dvorak zunächst abgehängt, meldete sich Steve Fritz (USA) mit Medaillenambitionen zurück. Der Weißrusse Eduard Hämälainen lag mit sieben Punkten Vorsprung auf Busemann auf Platz zwei, gefolgt von Fritz mit 18 Punkten Rückstand.

Nach dem Speerwurf (66,86 m) hatte Busemann eine Medaille fast sicher, kämpfte über 1500 m bis zur völligen Erschöpfung, lag minutenlang am Boden und hatte es geschafft: Silber mit 8706 Punkten. Den Tränen nahe war der Olympiasieger Dan O'Brian, der seinen Weltrekord (8891) mit 8824 Punkten zwar knapp verfehlt, sich aber den Traum vom Olympiagold endlich erfüllt hatte. Neun Jahre älter als der deutsche Senkrechtstarter, fand er hier möglicherweise seinen Nachfolger.

Gratulieren sich gegenseitig zu ihren herausragenden Leistungen – Dan O'Brian (r.) und Frank Busemann

Aus dem Nichts startete Frank Busemann in die Weltspitze der Zehnkämpfer durch.

adidas
USA

Dan O'Brian (r.) fliegt elegant über die Stabhochsprung-Stange.

Das Kugelstoßen ist nicht gerade die Paradedisziplin des Silbermedaillengewinners.

Im Diskuswerfen stellte Busemann eine persönliche Bestleistung (45,04 m) auf.

Frank Müller, hier beim Weitsprung, blieb mit dem 14. Platz im Rahmen seiner Möglichkeiten.

Frank Busemann (r.) beim abschließenden 1500 m-Lauf.

Nach einem gelungenen Speerwurf-Wettkampf schon siegesgewiß – Dan O'Brian

Frank Busemann beim Hochsprung

Frank Müller (l.) und Dirk Achim Pajonk (r.) beglückwünschen Frank Busemann.

Olympiasieger Dan O'Brian beim Speerwurf

Im Hürdenlauf erzielte Busemann (M.) die schnellste Zeit, die jemals bei einem Zehnkampf gestoppt wurde.

Der neue Star auf der Bahn kommt aus Frankreich

Die letzten Sekunden vor dem Startschuß – Gail Devers bereitet sich vor.

Im 100-Meter-Finale der Damen entschied wieder einmal die Auswertung des Zielfotos gegen Merlene Ottey und für Gail Devers (USA). Nach 10,94 sec war mit bloßem Auge nicht auszumachen, wer von beiden das Rennen gemacht hatte. Die Gratulationen der Konkurrentinnen für Devers blieben noch unter Vorbehalt, Ratlosigkeit bestimmte das Bild auf der Tartanbahn. Erinnerungen wurden wach an die Weltmeisterschaften 1993 in Stuttgart, als in einer ähnlichen Situation Gail Devers nach dem Zielfoto-Entscheid triumphierte.

Das Zielfoto zeigte Devers mit dem Kopf knapp vor der Konkurrentin, während beide mit dem Rumpf fast gleichauf waren. Nach Minuten des Wartens fiel die Entscheidung für die US-Amerikanerin, für Merlene Ottey blieb nur die Gewißheit, auch bei ihrer fünften Olympiateilnahme über 100 m kein Gold gewinnen zu können. Ein Protest der jamaikanischen Mannschaftsleitung gegen die Wertung wurde abgeschmettert. Einmal mußte sich die Sprinterin mit der Rolle der Verliererin anfreunden. Den dritten Rang belegte die amerikanische Weltmeisterin Gwen Torrence, die in Atlanta zu Hause ist.

In der anschließenden Pressekonferenz kochte Merlene Ottey, flüchtete sich aber in Sarkasmus: »Ich weiß nicht, ob fürs Zielfoto der Kopf entscheidend ist oder der Rumpf.«

Die Kontrahentinnen, die sich außer bei einer kurzen Umarmung am Ende des Rennens erneut keines Blickes würdigten, trafen noch einmal im Finale der 4 x 100-m-Staffel aufeinander. Gold erlief sich in der Weltjahresbestzeit von 41,95 sec das US-Quartett mit Chrystie Gaines, Gail Devers, Inge Miller und Gwen Torrence vor den Bahamas und Jamaika.

Auf ihrer Lieblingsstrecke, den 200 m, wollte sich Merlene Ottey schadlos halten. Aber es klappte wieder nicht: Sie mußte mit Silber vorliebnehmen. Am Ende der Spiele – und voraussichtlich ihrer Karriere – hatte Ottey sieben olympische Medaillen gewonnen, darunter aber keine aus Gold. Trotzdem wird die »ewige Zweite« Merlene Ottey als eine der großartigsten Sprinterinnen dieses Jahrhunderts in Erinnerung bleiben. Im Finale über 200 m mußte sie sich der Französin Marie-José Perec beugen, die der eigentliche Star in der Frauen-Leichtathletik wurde. Nach dem Einlauf in 22,12 sec bewies die langbeinige Französin, die Merlene Ottey kurz vor der Ziellinie noch abfing, Verständnis: »Ich weiß, wie gerne Merlene Ottey Gold gewonnen hätte, sie hat mir im Moment meines Sieges sehr leid getan. Deshalb bin ich auch nicht vor Freude explodiert.«

Fünf Tage zuvor hatte Perec in 48,25 sec auch das 400 m-Rennen gewonnen. Ihr Double komplettierte Marie-José Perec übrigens 15 Minuten bevor dem Sprinter Michael Johnson dasselbe gelang. Die auf der Karibikinsel Guadeloupe geborene Läuferin machte allerdings weniger Aufhebens davon: »Eigentlich habe ich mich nach dem ersten Gold über 200 m nur ein wenig amüsieren wollen. Jetzt bin ich ehrlich gerührt«. An Selbstbewußtsein mangelt es der Französin ebenfalls nicht: »Ich bin außergewöhnlich, nur habe ich es zu spät gemerkt«. Wegen ihres außergewöhnlich ästhetischen Laufstils wird Perec gerne mit der kürzlich verstorbenen legendären Wilma Rudolph verglichen, die bei den Spielen 1960 in Rom über 100 und 200 m Gold gewonnen hatte.

Für den Deutschen Leichtathletik-Verband gab Grit Breuer im 400 m-Lauf ihre Visitenkarte ab. In dem stark besetzten Feld landete sie mit 50,71 sec allerdings nur auf dem achten und letzten Platz.

Zitterpartie zuende: Gail Devers jubelt nach Bekanntgabe des 100 m-Ergebnisses.

Während Merlene Ottey in der Hocke das Endergebnis ihres Laufs erwartet, ist für Grit Breuer (barfuß) der Wettkampf bereits beendet.

Aus deutscher Sicht gab es nur wenig erfreuliches zu vermelden. Zu stark war die Überlegenheit der meist dunkelhäutigen Sprinterinnen aus den USA und der Karibik. Zum Abschluß der Spiele sprang dann aber doch noch eine Bronze-Medaille für die deutsche 4 x 400 m-Staffel heraus. Das Quartett Uta Rohländer, Linda Kisabaka, Anja Rücker und Grit Breuer stellte in 3:21,14 min eine neue deutsche Bestzeit auf. Um ein Haar hätte Schlußläuferin Grit Breuer mit ihrem Endspurt sogar noch die Läuferin aus Nigeria abgefangen. Gold war ohnehin für die US-Girls reserviert.

Bei der 4 x100-m-Staffel der Frauen, in Helsinki 1994 noch gefeierter Europameister, erlebten die Deutschen ein Fiasko. Im Vorlauf mißglückte der zweite Wechsel, als Silke Lichtenhagen den Stab nicht innerhalb der Wechselmarke an die zu früh gestartete Melanie Paschke übergeben konnte. Bereits der erste Wechsel von Andrea Philipp auf Lichtenhagen war keine Offenbarung. Noch 1995 hatten die vier Damen in Göteborg WM-Bronze gewonnen.

Auch in den Einzelwettbewerben ist der Anschluß an die Weltspitze verloren gegangen. Melanie Paschke, bei der Weltmeisterschaft noch in den Endläufen über 100 und 200 m, scheiterte in Atlanta jeweils im Halbfinale.

Über 400 m-Hürden sorgte die Jamaikanerin Deon Hemmings für eine Überraschung. In 52,82 sec rannte die Olympiasiebte von Barcelona die fünftschnellste jemals gelaufene Zeit und ließ die Weltrekordlerin Kim Batten (USA) und Tonja Buford-Bailey (USA)

nks: Schaut her, ich habe
e 400 m-Hürden gewon-
en – Deon Hemmings

Das deutsche 4 x 400 m-Quartett (l.) freut sich genauso über seine Bronzemedaille wie Gwen Torrence, die von einer Konkurrentin zum 100 m-Staffelgold beglückwünscht wird.

Marie-José Perec (2.v.r.) absolvierte gewohnt leichtfüßig und mit Erfolg das 400 m-Finale.

hinter sich. Heike Meissner aus Dresden verbesserte als Fünfte die deutsche Jahresbestzeit auf 54,03 sec, während Silvia Rieger Letzte wurde.
Die Chance, ein Superstar der Spiele zu werden, verpaßte Gail Devers im Finale der 100 m-Hürden. Die Favoritin hatte nach ihrem Sieg über 100 m den zweiten Einzelsieg angestrebt. Außerdem wollte die Athletin mit den goldlackierten, überlangen Fingernägeln die Panne von Barcelona 1992 vergessen machen, als sie im Finale an der letzten Hürde gestürzt war. Mit dem vierten Platz blieb sie am Ende auch in Atlanta wieder weit unter ihren Möglichkeiten. Die Goldmedaille sicherte sich Ludmilla Enquist aus Schweden in 12,58 sec. Unter ihrem Mädchennamen Naroschilenko war sie in der Vergangenheit bei einem Dopingvergehen erwischt, gesperrt, später aber wieder freigesprochen worden. Zu ihrer Entlastung gab sie an, daß ihr früherer Ehemann ihr ein verbotenes Mittel untergeschoben hätte. Eine Erklärung, die von manchen Konkurrentinnen mit ironischer Heiterkeit quittiert wurde.

KOMMENTAR

Stars und solche, die es noch werden können

Die Leichtathletik-Wettbewerbe im Olympiastadion zu verfolgen, machte großen Spaß. Die Zuschauer strömten bereits zu Vorläufen und Qualifikationen, feierten zwar landestypisch die eigenen Athleten, sparten für andere jedoch nicht mit Applaus.
Die schnelle, aber harte Bahn gefiel den Sprintern: 9,84 sec brauchte der Kanadier Donovan Bailey, um den US-Sprintern die Laune zu verderben, 19,32 sec Superstar Michael Johnson, um ein anderes als das gewohnt kühle Naturell zu offenbaren.
Die Leichtathletik in Atlanta lebte mehr denn je von Emotionen, Typen und großen Persönlichkeiten. Eine davon, Frankreichs charmante Gazelle Marie-José Perec machte die schnelle Tartanbahn zum Laufsteg, doch den betraten viele der großen Alten dieser Sportart bei Olympia zum letzten Mal. Carl Lewis, Mike Powell, Linford Christie, Merlene Ottey, Jackie Joyner-Kersee schrieben über ein Jahrzehnt Leichtathletikgeschichte, doch was kommt danach? Wo sind die herausragenden Figuren, deren Charisma in Zukunft die Massen fasziniert?
Sicher, Lars Riedel macht Diskuswerfen zum ästhetischen Genuß, Ilke Wyludda liebt menschlich sympathisch Stofftier wie Diskus gleichermaßen, Astrid Kumbernuß verhalf dem Kugelstoßen zur ansehnlichen Renaissance, Florian Schwarthoff sorgt stets für Nervenkitzel im Hürden-Roulette, doch der Typ von heute heißt Frank Busemann. 21 Jahre, unbekümmert, selbstbewußt wie selbstironisch, so genoß der Nobody olympische Augenblicke und ließ uns mitgenießen. Ohne jede Starallüren wurde der Junge aus dem Ruhrgebiet ein natürliches Medienereignis, seine Antworten waren gefragt. Ein Hauch von Schalke in der großen weiten Leichtathletikwelt.

Gerd Rubenbauer

Uta Pippig wird Opfer ihrer offensiven Strategie

Mit einem strahlenden Lachen und erhobenen Armen lief die Überraschungs-Olympiasiegerin im Marathon-Lauf durchs Ziel. Überlegen hatte die Äthiopierin Fatuma Roba in der fantastischen Zeit von 2:25,05 h vor der Olympiasiegerin von 1992, Walentina Jegorowa (2:28,06 h) und der 1992 in Barcelona zweitplazierten Japanerin Yuko Arimori (2:28,39 h) gewonnen. Überschwenglich feierte sie die erste Goldmedaille für eine afrikanische Läuferin über 42,195 km.

Die hochgehandelte dreimalige Gewinnerin des Boston-Marathons Uta Pippig mußte völlig erschöpft wenige Kilometer vor dem Ziel aufgeben. Die Deutsche war ein wahres »Harakiri«-Rennen gelaufen, hatte vom Start weg mit hohem Tempo die Führung übernommen. Nach 15 km führte sie noch mit einem klaren Vorsprung von 20 Sekunden vor einer kleineren Verfolgergruppe. Aber was waren schon 20 Sekunden auf einer Gesamtstrecke von 42,195 km? Das hohe Anfangstempo sollte sich für die deutsche Sportlerin, die in den USA überaus populär ist, rächen. Die hohe Luftfeuchtigkeit und der anspruchsvolle wellige Stadtkurs forderten ihren Tribut. Uta Pippig brach ein und mußte schließlich mit Ischiasproblemen enttäuscht aufgeben. Die 31jährige Läuferin verkroch sich danach erst einmal und war eine Zeitlang auch für Offizielle nicht mehr erreichbar.

Beste Deutsche wurde Kartin Dörre-Heinig, die nach starkem Beginn ebenfalls einen kleinen Einbruch im mittleren Streckenabschnitt hatte. Bravourös kämpfte sie sich aber im letzten Teil des Rennens an die vor ihr laufende Japanerin Yuko Arimori heran. Den 39-Sekunden-Abstand konnte sie allerdings nicht mehr wettmachen. Bis auf sechs Sekunden kam sie auf den letzten sieben Kilometern an die Konkurrentin heran, schaffte aber nicht mehr den Sprung aufs Treppchen. Für sie war die Strecke sicherlich zu kurz. »Ich bin glücklich Vierte zu sein, aber traurig, Bronze so knapp verpaßt zu haben«, resümierte sie nach ihrer fulminanten Schlußattacke.

Ein ebenfalls erstklassiges Rennen aus deutscher Sicht lieferte die Leverkusenerin Sonja Krolik, die als Achte die Ziellinie passierte.

Während die übrigen erschöpft ins Stadion kamen, hatte Olympiasiegerin Fatuma Roba noch Kraft genug, um eine Ehrenrunde zu laufen. Mit einer Fahne in der Hand ließ sich die 23jährige ausgiebig feiern. 70 000 begeisterten Zuschauer applaudierten der Läuferin, die 26 Jahre nach dem legendären äthiopischen Barfußläufer Abebe Bikila wieder eine Goldmedaille im Marathon nach Hause holte.

Im 10 000 m-Lauf setzte sich die Portugiesin Fernanda Ribeiro in einem spannenden Finale durch. Ein Jahr nach ihrem Sieg bei den Weltmeisterschaften wurde die 27jährige in 31:01,63 min Olympiasiegerin. Die Chinesin Junxia Wang mußte sich mit dem zweiten Platz begnügen. Fünf Hundertstel fehlten ihr zur zweiten Goldmedaille.

Junxia Wang hatte sich bereits im 5000 m-Endlauf gegen Pauline Konga aus Kenia und Roberta Brunet aus Italien durchgesetzt. Der Auftritt der Athletin aus dem Reich der Mitte war von

Links: Seite an Seite im 800 m-Rennen: Maria Mutola (r.) und Ana Fidelia Quirot

Die spätere Siegerin Fernando Ribeiro (r.) übernahm im 10 000 m-Lauf früh die Führung.

Experten und Zuschauern mit Spannung erwartet worden. Die immer höfliche, stets diplomatische Junxia Wang hatte sich vor einiger Zeit von ihrem chinesischen Trainer Ma Junren getrennt und war eigene Wege gegangen. Ma Junren soll seine Läuferinnen wie Sklaven gehalten und gedrillt haben. Abenteuerliche Gerüchte über die unmenschlichen Trainingsmethoden in China kursierten in Fachkreisen. Bei den Jahrhundertspielen in Atlanta hatte die frischgebackene Olympiasiegerin allerdings nur Lob für den umstrittenen Coach übrig: »Ich bin ihm sehr dankbar, denn er hat mir viel gegeben.«

Ein perfekter Auftritt gelang der Russin Swetlana Masterkowa. Sie machte das Gold-Double perfekt und setzte sich über 800 und 1500 m durch. Den 800 m-Lauf gewann sie vor Ana Fidelia Quirot aus Kuba und Maria Mutola aus Mosambik. Auch im 1500 m-Lauf dominierte sie. Die Österreicherin Theresa Kiesl holte in 4:03,02 min für viele überraschend die erste Leichtathletik-Medaille für ihr Land in Atlanta.

Sylvia Kühnemund aus Halle und Carmen Wüstenhagen aus Berlin hatten mit der Medaillenvergabe in dieser Disziplin nicht zu tun. Sie waren bereits im Vorlauf ausgeschieden.

Ohne Medaille blieb auch die Berlinerin Beate Gummelt über 10 km Gehen. Die 28jährige Studentin, die zu den aktivsten im Teilnehmerfeld gehörte, erhielt unmittelbar vor dem Ziel ihre dritte Rote Karte. Das bedeutete Disqualifikation. »Alles umsonst, die ganze Mühe dieses Jahres«, meinte sie enttäuscht. Auch Bundestrainer Hans-Joachim Pathus schimpfte über die umstrittene Schiedsrichterentscheidung.

Nicht unerwartet setzte sich die Russin Jelena Nikolajewa durch, die 41:49 min für zehn Kilometer benötigte. 23 Sekunden dahinter holte Elisabetta Perrone aus Italien Silber, nach weiteren sieben Sekunden kam Yan Wang aus China auf den dritten Rang. Als beste deutsche Teilnehmerin kam Kathrin Boyde als 15. ins Ziel.

Die letzte aus der erfolgreichen Riege chinesischer Langstreckenläuferinnen – Junxia Wang

Fatuma Roba küßt die Stätte ihres Erfolges.

Zieleinlauf im 800 m-Finale: Svetlana Masterova vor Ana Fidelia Quirot (l.) und Maria Mutola

Nach 10 km endlich am Ziel: Jelena Nikolajewa, Olympiasiegerin im Gehen

Überrascht vom Erfolg bejubelt Chioma Ajunwa ihr Weitsprung-Gold.

Stefka Kostadinowa überquerte im Hochsprung 2,05 m und holte sich Gold.

Erstmals olympisch: Dreisprung der Frauen, hier die Siegerin Inessa Krawets

Trotz Verletzung am Bein Bronze im Weitsprung: Jackie Joyner-Kersee

Enttäuscht über den sechsten Platz: Hochspringerin Alina Astafei

Verhinderte Sprinterin triumphiert im Weitsprung

Der deutsche Trumpf im Hochsprung der Frauen stach nicht: Die 27jährige Alina Astafei verfehlte mit 1,96 m die erhoffte Medaille. Die gebürtige Rumänin landete mit dieser für sie enttäuschenden Leistung am Ende nur auf Platz sechs. Den Olympiasieg holte sich die bulgarische Weltrekordlerin Stefka Kostadinowa mit der Weltjahresbestleistung von 2,05 m vor der Griechin Niki Bakogianni (2,03 m). Bronze ging an Inga Babakowa aus der Ukraine mit 2,01 m.

Stefka Kostadinowa trat mit ihrem Sieg die Nachfolge von Heike Henkel an. Die Siegerin von Barcelona hatte die Olympianorm von 1,94 m verfehlt und sich nicht für Atlanta qualifizieren können.

Auch im Weitsprung blieb die Titelverteidigerin zu Hause: Heike Drechsler mußte wegen einer Verletzung auf einen Olympiastart verzichten. Ihre langjährige Rivalin Jackie Joyner-Kersee (USA) – im Siebenkampf nach dem Hürdenlauf wegen einer Zerrung ausgestiegen – schaffte es hingegen mit dick bandagiertem rechten Oberschenkel bis in den Endkampf. Zum Abschluß ihrer Karriere gewann die 34 Jahre alte Kalifornierin mit ihrem letzten Versuch auf genau 7,00 m Bronze. Sechs olympische Medaillen und zwei Weltmeistertitel stehen in ihrer Bilanz.

Die Goldmedaille holte sich überraschend Chioma Ajunwa (Nigeria). Sie siegte mit dem Afrikarekord von 7,12 m vor Weltmeisterin Fiona May aus Italien (7,02 m). Chioma Ajunwa zeigte sich von ihrem Erfolg kaum weniger überrascht als die Konkurrenz. Sie sei nur deshalb im Weitsprung gestartet, erklärte sie, weil sie sich im Sprint nicht habe qualifizieren können. Im Dreisprung der Frauen, der seine olympische Premiere erlebte, siegte erwartungsgemäß die Ukrainerin Inessa Krawets mit 15,33 m – knapp unter ihrem Weltrekord von 15,50 m.

Vom eigenen Sprung mitgerissen: Chioma Ajunwa in der Sandgrube

Starke Frauen suchen das Weite: Favoritinnen lassen nichts anbrennen

Zwei starke Frauen polierten in Atlanta kräftig die deutsche Medaillenbilanz auf. Ilke Wyludda (Chemnitz) und Astrid Kumbernuss (Neubrandenburg) wurden ihrer Favoritenrolle gerecht und gewannen die Goldmedaille im Diskuswerfen und im Kugelstoßen.

Mit 69,66 m schleuderte Ilke Wyludda im zweiten Durchgang den Diskus auf die Siegesweite. Doch auch jeder andere ihrer fünf gültigen Versuche hätte zur Goldmedaille gereicht, denn weder die Russin Natalia Sadowa (66,48 m) noch Ellina Zwerewa aus Weißrußland (65,64 m) kamen an Wyluddas Leistung heran. Das Geheimnis ihres Erfolges: konzentriertes Training, perfekte Vorbereitung – und ihr Maskottchen, ein Teddybärchen.

Genauso deutlich wie Ilke Wyludda distanzierte auch Astrid Kumbernuss im Kugelstoßen bei ihrem 42. Wettkampferfolg in Serie die Konkurrenz und gewann mit der bereits im ersten Versuch erzielten Weite von 20,56 m vor der Chinesin Sui Xinmei (19,88 m) und Irina Chudoroschkina (RUS; 19,35 m). Stephanie Storp (Wolfsburg) belegte mit 19,06 m Platz sechs vor Katrin Neimke aus Magdeburg mit 18,92 m.

Einmal mehr bewies Astrid Kumbernuss, daß erfolgreiche Kugelstoßerinnen nicht zwangsläufig unförmig daherkommen müssen. Die vergleichsweise filigran wirkende Athletin erklärte nach ihrem bisher größten Erfolg, »unschlagbar« sei sie nicht, aber »wer mich besiegen will, muß schon besser trainieren«.

Ohne Medaillen blieben die deutschen Athletinnen dagegen im Speerwerfen: Karen Forkel (Halle) wurde als Beste mit 64,18 m noch Sechste. Erstmals ging der Sieg an eine Finnin: Heli Rantanen gewann mit 67,94 m sicher die Goldmedaille vor Louise McPaul (Australien) mit 65,54 m und der Norwegerin Trine Hattestad (64,98 m).

Zu den souveränsten Olympiasiegerinnen gehörte Ilke Wyludda (o.), die mit einer Traumserie im Diskuswerfen ihre Gegnerinnen geradezu deprimierte.

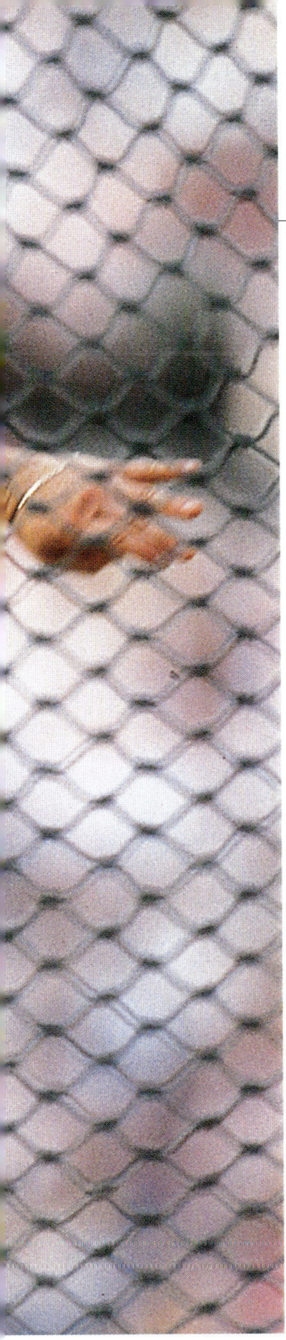

Alle klar: Astrid Kumbernuss nimmt ihren Olympiasieg im Kugelstoßen gelassen.

Die Anspannung ist weg: Ilke Wyludda läßt ihrer Freude freien Lauf, während sich die Reporter hinten auf die Jagd nach der Siegerin machen.

Die Finnin Heli Rantanen knüpfte mit ihrer Goldmedaille im Speerwerfen an die große Tradition finnischer Sportler in den Wurfdisziplinen an.

Astrid Kumbernuss in vorbildlicher Wurfhaltung; wenig später gehörte die Goldmedaille ihr.

Syrerin Ghada Shouaa gewinnt erste olympische Goldmedaille für ihr Land

Die größte Überraschung erlebte der Siebenkampf der Frauen schon nach der ersten Disziplin, dem 100 m-Hürdenlauf: Die Favoritin Jackie Joyner Kersee (USA) mußte den Wettkampf abbrechen, nachdem eine Verletzung, die sie sich bei den US-Trials wenige Wochen zuvor zugezogen hatte, erneut aufgebrochen war. Damit sollte der Weg eigentlich frei sein für ihre »ewige Konkurrentin«, die Wattenscheiderin Sabine Braun. Doch nach einem verpatzten ersten Tag mit enttäuschenden 6,21 m im Weitsprung und einem 200 m-Lauf, in dem sie weit unter ihren Möglichkeiten blieb, hatte die Weltmeisterin von 1991 mit der Entscheidung nichts mehr zu tun.

Weitgehend unbeeindruckt vom »Favoritensterben« zeigte sich Ghada Shouaa. Die 23jährige Syrerin, die im Vorjahr als Siebenkampf-»Nobody« zum Weltmeistertitel durchgestartet war, lag schon nach dem ersten Tag (100 m-Hürden, Kugelstoßen, Hochsprung, 200 m-Lauf) vorn.

An der Spitze unverändert das Bild am zweiten Tag (Weitsprung, Speerwurf, 800 m-Lauf). Für Experten überraschend hatte sich nach sechs Disziplinen die Weißrussin Natasha Sazanovich auf den zweiten Platz vorgekämpft, den sie sich von Denise Lewis (GBR) auch nicht mehr nehmen ließ.

Ghada Shouaa aber, die frühere Basketball-Nationalspielerin, die nur als Christin im Moslemstaat ihren Sport ausüben darf, holte die erste Goldmedaille für ihr Land überhaupt und steigerte dabei mit 6780 Punkten ihre Leistung gegenüber der Weltmeisterschaft um 129 Punkte. Rang sieben bedeutete für die mit Medaillenambitionen angereiste Sabine Braun eine Enttäuschung, die anderen DLV-Starterinnen, Mona Steigauf und Peggy Beer, blieben mit den Rängen elf und 13 im Rahmen ihrer Möglichkeiten.

Sabine Braun mobilisiert die letzten Kraftreserven im abschließenden 800 m-Lauf.

Natasha Sazanovich aus Weißrußland überraschte mit konstant guten Leistungen in allen Disziplinen, hier im Weitsprung.

Ghada Shouaa feiert nach dem Einlauf des 800 m-Laufs ihren Olympiasieg, den sie allerdings schon nach dem Hochsprung (r.) so gut wie sicher hatte.

Läßt sich nach der Entscheidung auf der Ehrenrunde feiern – Ghada Shouaa

Unten: Die unterlegene Sabine Braun (l.) gratuliert Ghada Shouaa zum Olympiasieg.

Nicht nur im Hochsprung konnte Sabine Braun die eigenen Ansprüche nicht erfüllen.

Nach dem 800 m-Lauf völlig ausgepumpt: (v.l.) Diane Guthrie Gresham (JAM), Irina Tyukhay (RUS) und die Deutsche Peggy Beer.

Die Drittplazierte Denis Lewis (GBR) bereitet sich auf den Kugelstoß vor.

19

96

»Goldfisch« Franziska van Almsick von der Wirklichkeit eingeholt

Triumphierend reckt die Überraschungssiegerin über 200 m Freistil, Claudia Poll aus Costa Rica, die Arme aus dem Bassin.

Die großen Stars unter den Goldmedaillengewinnern fehlten bei den olympischen Schwimmwettbewerben der Frauen, und wer im Vorfeld als Star gehandelt worden war, wurde recht bald aus Siegesträumen gerissen. Bestes Beispiel dafür war Franziska van Almsick. Vor vier Jahren in Barcelona hatte die damals 14jährige Berlinerin die Herzen des Publikums im Sturm erobert. Ihre Unbekümmertheit, das kesse Auftreten gegenüber den Medien und die als Sensation gefeierten Medaillen machten sie quasi über Nacht zum populärsten Aushängeschild des deutschen Schwimmsports und zum Verkaufsgaranten in der Werbewirtschaft.

Kein Wunder also, daß die Erwartungen hoch waren vor den Jubiläumsspielen. Kaum ein Fernsehsender, der sich im Vorfeld der Spiele nicht mit einem Portrait der inzwischen erwachsen gewordenen »Göre« schmückte, kaum eine Zeitung, auf deren Titelbild das Konterfei des »Goldfisches« nicht abgebildet war.

Ihre eigenen Ziele beschrieb die fünffache Europameisterin des Vorjahres so. »Olympiagold, das ist doch mehr als alle Meisterschaften und Weltrekorde zusammen, Olympiagold ist einfach das Größte«. Schon über 100 m Freistil »verschlief« sie aber den Start trotz der schnellsten Reaktionszeit vom Startblock. Sie glaubte, wegen eines Frühstarts zurückgepfiffen zu werden. Doch es geschah nichts, die Konkurrenz war davon, und Franzi konnte sich vom letzten Platz bei der Wende nach 50 m gerade noch auf Rang fünf verbessern. Noch kein Grund, den Kopf hängen zu lassen, schließlich standen die 200 m Freistil noch bevor. Als Vorlaufschnellste fürs Finale qualifiziert, zeigte die favorisierte Weltmeisterin Nerven: Die Kulisse, der ungeheure Erwartungsdruck – »das war wohl alles zuviel, diese Rolle, die mir da zugedacht war«. Am Ende mußte sie sich Claudia Poll aus Costa Rica geschlagen geben, die das erste Gold im Schwimmen für ihr Land holte – nur Platz zwei für Franzi. Unternehmen Einzelgold also gescheitert, und nach dem enttäuschenden sechsten Platz mit der 4 x 100 m-Lagenstaffel entlud sich der Frust der Berlinerin in Schelte auf die Verbandsspitze, der sie »Unfähigkeit« attestierte, weil das Präsidium sich allenfalls im Erfolg der Aktiven sonne, statt die organisatorischen Voraussetzungen für gute sportliche Leistungen zu schaffen.

Ein vorerst versöhnliches Ende nahmen die Spiele für Franzi van Almsick mit Staffel-Silber (4 x 200-m-Freistil) und -Bronze (4 x 100-m-Freistil). Welche Konsequenzen der DSV aus den Querelen nach den Spielen zieht, bleibt offen. Der nächste Ärger für die Berlinerin jedenfalls ist vorprogrammiert. Ihr Trainer Dieter Lindemann wurde von DSV-Schwimmwart Werner Lampe abgemahnt und für die kommenden zwei Jahre gesperrt. Grund: Lindemann hatte während der Spiele entgegen einer schriftlichen Vereinbarung mit dem DSV die Österreicherin Martina Nemec und Marina Zarmas aus Zypern gecoacht. Beide Schwimmerinnen trainierten bislang beim van-Almsick-Klub SC Berlin. So wird Franziska van Almsick bei den bevorstehenden Europameisterschaften 1997 in Sevilla vermutlich ebenso auf ihren Trainer verzichten müssen wie bei den Weltmeisterschaften 1998 in Perth.

Die positiven Schlagzeilen aus deutscher Sicht in Atlanta schrieben Schwimmerinnen, die schon seit Jahren abseits vom großen Medienrummel konstant gute Leistungen gebracht haben – etwa Sandra Völker. Die frühere Rückenspezialistin schlug im Endlauf über 100 m Freistil nur 3,8 Zehntelsekunden hinter der Chinesin Jingyi Le (54,50 sec) an und sicherte sich Silber. Noch einmal Edelmetall nach Staffel-Bronze (4 x 100 m Freistil) gab's im Sprint über 50 m Freistil: 25,14 sec (Platz 3) bedeuteten zugleich die Verbesserung ihres eigenen deutschen Rekords. Verständlicherweise »über-

Beth Botsford (USA) – fassungslos nach ihrem Sieg über 100 m Rücken

Vorhergehende Seite: Mit zwei Silber- und einer Bronzemedaille in den Einzelrennen erfolgreichste deutsche Schwimmerin: Dagmar Hase

Martino, van Dyken, Fox und Tompson – 4 x 100 m Freistil-Sieger.

Auf dem Weg zum Gold über 200 m Schmetterling: die Australierin Susan O'Neill

Jingyi Le rettete die Ehre der Chinesinnen, die in den letzten Jahren die Schwimmwettbewerbe dominiert hatten.

Amy van Dyken ließ den amerikanischen Traum vom Gold zweimal Wirklichkeit werden – über 50 m Freistil und über 100 m Schmetterling.

Brooke Bennet siegte auf der längsten Frauenstrecke, den 800 m Freistil.

Penelope Heyns dominierte die Brustwettbewerbe über 100 und 200 m, wo sie jeweils Gold gewann.

Die US-Goldstaffel über 4 x 200 Freistil mit Botsford, Beard, Martino und van Dyken (v.l.)

Links: Die Leistungsexplosion der Irin Michelle Smith war von Doping-Gerüchten überschattet.

glücklich« strahlte die 22jährige Hamburgerin über das unerwartete Ergebnis. Ob sie nun auch die Medaillen in klingende Münze umwandeln kann, wollte sie gelassen angehen, auf sie wartete zunächst ein ganz anderes Ziel – es gilt, das Abitur nachzumachen, das sie zugunsten der Wettkampfvorbereitungen verschoben hatte.

Erfolgreichste DSV-Schwimmerin wurde die Magdeburgerin Dagmar Hase, die ihrer überraschenden Bronzemedaille über 200 m Freistil Silber über 400 m und über die 800 m-Distanz folgen ließ – ein Riesenerfolg für die Titelverteidigerin, die seit 1989 an der internationalen Spitze mitschwimmt und in der Vergangenheit oft vom Verletzungspech verfolgt wurde. Auf der 400 m-Strecke hatte sich Dagmar Hase mehr ausgerechnet, doch hier hieß die Siegerin Michelle Smith, »müßte aber eigentlich Michel heißen«, wie die Deutsche mit bitterer Ironie anmerkte.

Die Irin, in Barcelona 1992 »unter ferner liefen« plaziert, sah sich nach ihrem Erfolg massiven Doping-Vorwürfen ausgesetzt. Die Anschuldigungen konzentrierten sich dabei auf den niederländischen Trainer-Ehemann Eric de Bruin, dem unterstellt wurde, seine »gesamten Erfahrungen« aus 15 Jahren aktiver Leichtathletik in das Training eingebracht zu haben. Dazu zählten Kritiker allerdings auch de Bruins wiederholte Doping-Vergehen, die der Internationale Leichtathletik-Verband 1993 mit einer Sperre ahndete.

Verbesserungen um rund 20 Sekunden auf den langen Strecken in nur 18 Monaten waren selbst für Experten mehr als rätselhaft. Und mit welcher Leichtigkeit die Doppel-Europameisterin von Wien 1995 die Konkurrenz über 200 m und 400 m Lagen sowie über 400 m Freistil innerhalb von nur fünf Tagen hinter sich ließ, das war in der Tat erstaunlich. Smith selbst waren die Vorwürfe völlig unbegreiflich: »Ich habe hart gearbeitet, bin jede Woche 100 km geschwommen, das ist eine Menge«, äußerte sie sich »tief enttäuscht« über die Verdächtigungen. »Ich wollte der Welt beweisen, daß ich ein Fighter bin, das ist mir gelungen«. Daß es über die kräfteraubenden 200 m Schmetterling dann nur noch zu Platz drei reichte, schmälerte die persönliche Erfolgsbilanz nicht.

Schon im Vorfeld hatte die Senkrechtstarterin von der grünen Insel für Proteste mehrerer Schwimmverbände gesorgt, weil sie zum einen erst Tage nach dem offiziellen Nennungsschluß eine Qualifikationsleistung über 400 m Freistil eingereicht hatte und noch später als Teilnehmerin gemeldet worden war. Das IOC erteilte der Irin trotz fehlender Zulassung durch den Internationalen Schwimmverband die Starter-

Die deutschstämmige Claudia Poll startete für Costa Rica und zeigt hier stolz die Nationalflagge ihres Landes.

Dagmar Hase spendet Franziska van Almsick (mit Kappe) Trost.

Franziska van Almsick scheiterte am Druck, der von außen auf sie ausgeübt wurde.

laubnis. Nicht zuletzt wegen all dieser Ungereimtheiten, die im übrigen auch die in der Vergangenheit mehrfach des Dopings beschuldigten Chinesinnen betrafen, vermuteten Fachleute im Aquatic Dome die »schmutzigsten« Wettkämpfe der Olympiageschichte.

Währenddessen neigten sich die Karrieren einiger Weltklasseschwimmerinnen in Atlanta ihrem Ende zu. Zum Beispiel die von Krisztina Egerszegy: Die mit drei Goldmedaillen in Barcelona 1992 erfolgreichste Einzelstarterin und populärste Sportlerin Ungarns konnte nur noch ihren Olympiasieg über 200 m Rücken wiederholen – dies aber noch einmal mit Glanz und Gloria. 2:07,83 min bedeuteten Weltjahresbestzeit und über vier Sekunden Vorsprung auf die Konkurrenz. Mit der vermutlich letzten Medaille ihrer internationalen Laufbahn schrieb die 21jährige zudem ein Stück Olympiageschichte, denn als bisher einzige Schwimmerin gewann sie bei Olympischen Spielen fünf Goldmedaillen in Einzelrennen. Ebenfalls rekordverdächtig: Vor ihr schaffte es nur die Australierin Dawn Fraser, dreimal hintereinander auf einer Strecke ganz vorne zu liegen (1956 bis 1964). Verständlich, daß Egerszegy, die über 400 m Lagen auch noch Bronze holte, über ihre Goldmedaille »ganz besonders stolz war«.

Stolz auf die Silbermedaille – die deutsche 4 x 200 Freistil-Staffel mit van Almsick, Kielgaß, Scholz und Hase (v.l.)

Dagmar Hase in Aktion – auch über 800 m Freistil bestätigte die Magdeburgerin ihren Ruf als beständigste deutsche Schwimmerin.

Die erfolgreichste US-Schwimmerin der letzten Jahre, Janet Evans, die unter dem Jubel des Publikums bei der Eröffnungsfeier zu den letzten Fackelläufern gehört hatte, blieb bei ihrer dritten Olympiateilnahme ohne Chance auf eine Medaille: Mit Platz sechs über 800 m Freistil verabschiedete sie sich wohl endgültig aus der internationalen Szene. Die Amerikanerinnen wurden dennoch mit sieben Goldmedaillen erfolgreichste Schwimmnation, was vor allem ein Verdienst der Staffeln war, die allesamt von den USA gewonnen wurden. Aber eigentlich hatten sie sich noch ein bißchen mehr vorgenommen, schließlich hatte der amerikanische Schwimmverband Prämien für Gold (50 000 US-Dollar), Silber (10 000) und Bronze (5000) ausgesetzt. Amy van Dyken konnte sich im nachhinein am meisten über das finanzielle Zubrot freuen, denn sie lag sowohl im 50 m Freistil-Sprint als auch über 100 m Schmetterling ganz vorn.

Überragende Rekordzeiten blieben übrigens die Ausnahme: Der einzige Weltrekord bei den Frauen fiel im Vorlauf, als die spätere Olympiasiegerin Penny Heyns aus Südafrika ihre eigene Bestmarke über 100 m Brust auf 1:07,02 min steigerte.

Die Hamburgerin Sandra Völker war nach ihrem zweiten Platz über 100 m Freistil überglücklich.

Sieger beim Streit, Zweiter im Wasserbecken

Zwölf Medaillen fischten die deutschen Schwimmer aus dem Becken des Georgia Tech Aquatic Centers, doch trotz aller Versuche und Bemühungen: Gold war nicht dabei. Ohne Zweifel, die Ausbeute konnte sich sehen lassen. Hinter dem Team von Gastgeber USA, das seine Bilanz von Barcelona 1992 um zwei auf insgesamt 13 Goldmedaillen steigern konnte und die US-Stellung als erfolgreichste Schwimm-Nation der Welt bestätigte, lag der Deutsche Schwimm-Verband (DSV) gemeinsam mit Australien auf Rang zwei der »amerikanischen« Medaillenwertung. Diese berücksichtigt nur die Zahl der gewonnenen Edelmetall-Plaketten. Im »Medaillenspiegel«, der die goldenen besonders kräftig bewertet, erreichte die DSV-Mannschaft jedoch nur Platz elf. Das war ein Grund, warum weder im Lager der Schwimmer noch in der Leitung des deutschen Olympia-Teams richtige Zufriedenheit aufkam. Selbst Franziska van Almsick, von den Medien monatelang als eine sichere Siegerin »aufgebaut«, mußte sich geschlagen geben. Sie scheiterte nach eigener Einschätzung am Erwartungsdruck, der zu groß war für die 18jährige. Daß es die kesse Berlinerin war, die sich erst mit nicht ganz fairen Mitteln einen Platz in der Lagenstaffel ergatterte und schließlich aus Frust über die Niederlage die DSV-Führung angriff und damit einen schweren verbandsinternen Streit vom Zaun brach, zeigte eindrücklich, daß deutsche Schwimmer offenbar sehr schlecht verlieren können. Sportler beschimpften DSV-Präsident Klaus Henter als »Hobby-Touristen«, Funktionäre gingen mit Verbalangriffen gegen Trainer und Athleten vor. Statt zu streiten, sollte der Deutsche Schwimm-Verband besser aufpassen, daß er nicht bald ganz den Anschluß an die Weltspitze verpaßt hat.

Hans Schwarz

US-»Wassernixen« erhalten die Höchstnote 10

Da gab es nichts dran zu rütteln: Mit Höchstnoten von 10,0 für den technischen Wert und die Ausführung gewannen die Amerikanerinnen vor 15 000 begeisterten Zuschauern den Olympiatitel im Synchronschwimmen.
Mit Gold dekoriert vergaßen die jungen Frauen sogar für einen Augenblick ihr bis zur Kürwertung maskenhaftes und gezwungenes Lächeln und zeigten einmal Freude »pur«.
Sie hatten es sich verdient mit ihrer spektakulären Kür, die ein Orchester darstellen sollte. Die USA schafften das, was die Wertungsrichter erwarteten: Eine harmonische Choreographie mit Tempowechseln, anspruchsvollen Hebefiguren und originellen Verbindungselementen.
Wieder einmal das Nachsehen hatten die Kanadierinnen mit ihrer Kür »Einheit der Nation«. Trotz enormen Einsatzes und präzisen technischen Teilen blieb ihnen wie schon bei der Weltmeisterschaft wieder nur Platz zwei.
An kaum einer anderen Sportart scheiden sich die Geister so sehr. Nicht wenige haben allenfalls ein Schmunzeln für die acht »Wassernixen« übrig, deren »Erkennungszeichen« neben ihrem fast identischen Aussehen die Nasenclipse sind – wichtig für die Atmung der Schwimmerinnen, die über 50% der fünfminütigen Kür unter Wasser verbringen und sich dort zu neuen Figuren formieren.

Momentaufnahme aus der Goldkür der US-Schwimmerinnen

Zum Abschluß ihrer Kür lächelt das amerikanische Team noch einmal wertungswirksam in Richtung Kampfrichter.

Alexander Popow krönte seinen letzten olympischen Auftritt

Alexander Popow wiederholt seinen 100 m Freistil-Erfolg von Barcelona in Atlanta.

Altbekannte Namen traf man im Aquatic Dome von Atlanta: Alexander Popow, Gustavo Borges, Anders Holmertz, Norbert Rosza oder Kieren Perkins - sie alle hatten sich erneut für Olympische Spiele qualifizieren können, doch keiner, mit Ausnahme Popows, konnte an die Erfolge der Vergangenheit anknüpfen

Popow wollte die Welt noch einmal von seiner Schnelligkeit überzeugen. Über 50 m und 100 m Freistil war er schon in Barcelona Erster geworden, doch die Konkurrenz hatte seither nicht geschlafen. Vor allem der Amerikaner Gary Hall jr. hatte dem lang aufgeschossenen Popow gegenüber vollmundig seine Titelambitionen erklärt.

Hall wollte mit Olympiagold auch aus dem Schatten seines berühmten Vaters treten, der zwischen 1968 und 1976 dreimal mit Erfolg – zweimal Silber, einmal Bronze – teilgenommen hatte.

Zwei Schwimmer, wie sie unterschiedlicher nicht sein konnten, standen im Endlauf über 100 m Freistil nebeneinander: Hier der eher introvertierte Popow, der als Weltrekordler, Welt- und Europameister sowie Olympiasieger schon alles gewonnen hatte, dort der smarte Hall, den 14 000 Zuschauer mit ihren Anfeuerungsrufen zum Sieg peitschen wollten. Es reichte nicht ganz, wenn Popow auch alle Kräfte mobilisieren mußte, um mit kräftigen Zügen einen Vorsprung von gerade sieben Hundertstelsekunden herauszuarbeiten. Dennoch wurde der »Junior« gefeiert wie ein Goldmedaillengewinner, während Popow durch fast eisiges Schweigen zur Siegerehrung schritt. Dabei war die Wiederholung des Olympiasiegs über 100 m vor Popow nur zwei Schwimmern gelungen: Paoa Kahanamoku 1912 und 1920 sowie Johnny Weissmuller 1924 und 1928.

Drei Tage später das gleiche Bild mit den beiden Kontrahenten über die 50-m-Sprintdistanz, nur diesmal behielt Popow »deutlicher«, mit immerhin 14 Hundertstel, die Oberhand. Beim Gang aus dem Becken aber erneut nur Jubel für Hall.

Diese Eindrücke prägten nahezu alle Schwimmwettbewerbe und wurden von Beobachtern als nahezu chauvinistisch kritisiert: Frenetische Begeisterung der amerikanischen Fans für die Starter aus dem eigenen Lager, Zurückhaltung gegenüber allen anderen. Daher war es am ersten Wettkampftag auch vergleichsweise ruhig gewesen, und die Presse sah drohendes Unheil aufziehen: »No Gold for USA« titelten die großen Tageszeitungen, weil es bei der ersten Entscheidung nur zu Silber über 100 m Brust durch Jeremy Linn hinter Frederick Deburghgraeve (BEL) gereicht hatte – und dies trotz eines neuen amerikanischen Rekords.

Die großte Überraschung für das Team des Deutschen Schwimm-Verbandes (DSV) besorgte in diesem Rennen aber der Essener Mark Warnecke: Bisher vor allem durch seine Erfolge auf der Kurzbahn ins Rampenlicht getreten, bewies der Medizinstudent nun allen, daß er es auch auf der »richtigen« Wettkampfbahn packen konnte. Dabei hatte der Sprecher der Schwimm-Mannschaft, der seine Medaillenhoffnungen bei bisherigen Olympiateilnahmen 1988 und 1992 frühzeitig begraben mußte, noch vor zwei Jahren fast alle Erwartungen auf einen dritten Start bei den Spielen aufgegeben. Nach einem schweren Motorradunfall 1994, u.a. mit Schlüsselbeinbruch und Bänder- und Sehnenabrissen, schien das Ende der Karriere bevorzustehen, die Chance auf ein Comeback nahezu aussichtslos zu sein.

Warnecke, einziger deutscher Medaillengewinner in einem Einzelrennen, mußte aber auch eine Enttäuschung einstecken: am Schlußtag der Wettkämpfe, als die 4x100-m-Lagenstaffel nur auf den enttäuschenden vierten Platz kam – mit acht Hundertstelsekunden Rückstand auf die Australier, deren Schlußschwimmer sich auf den letzten Metern an Björn Zikarsky vorbeigeschoben hatte. Daß das deutsche Quartett in 3:39,64 min einen neuen Landesrekord aufgestellt hatte – fast nebensächlich hinter der Tatsache, daß

Rechts: Die Identifikation mit Olympia nahm bisweilen skurrile Formen an – wie bei diesem Schwimmer.

Deutschland wie schon in Barcelona einen Medaillenplatz erneut knapp verpaßt hatte. Wie erstarrt standen Ralf Braun, Warnecke, Christian Keller und Zikarsky am Beckenrand, mochten nicht mehr zur Anzeigetafel blicken. Riesenjubel hingegen bei den Amerikanern, die dem letzten Finallauf den gebührenden Glanz verliehen hatten – Weltrekord in 3:34,84 min. Und so kam Gary Hall jr. als Schlußschwimmer doch noch zum ersehnten Gold.
Für positive Schlagzeilen im DSV-Lager sorgten zwar noch die Bronzemedaillen der Männerstaffeln über 4 x 100 m (Christian Tröger, Bengt und Björn Zikarsky, Mark Pinger) und 4 x 200 m Freistil (Aimo Heilmann, Keller, Tröger, Steffen Zesner), doch ansonsten war mal Gold nicht zuletzt deshalb, weil die Schwimmer der früheren UdSSR bzw. GUS nicht mehr für eine Nation an den Start gingen – auf das Treppchen kamen aber nur Russen. Und ganz oben stand neben Popow auch Denis Pankratow: Über 100 m Schmetterling – in neuer Weltrekordzeit von 52,27 sec – beherrschte der Favorit die Konkurrenz ebenso sicher wie über 200 m Schmetterling.
Als dritter Doppel-Sieger bei den Herren ließ sich schließlich Danyon Loader feiern: Der Neuseeländer siegte über 200 m und 400 m Freistil. Leidtragender über 200 m war der Brasilianer Gustavo Borges, der vier Jahre nach Barcelona wie schon dort das Rennen erneut mit der Silbermedaille beendete.

Denis Pankratow (r.) und Scott Miller freuen sich über Gold und Silber über 100 m Schmetterling.

die Atmosphäre eher von Konfrontation mit der Verbandsführung bestimmt. Nachdem bereits Franziska van Almsick die DSV-Funktionäre scharf kritisiert hatte, legten die Zikarsky-Brüder noch einen drauf: »Unsere Verbandsspitze macht hier nur auf Olympia-Tourismus«, wetterten sie gegen Präsident Klaus Henter, der die Probleme im Schwimmerlager nicht erkennen würde. Eine schwierige Aufgabe für den Chef de Mission Ulrich Feldhoff, der schlichtend eingriff und die Auseinandersetzungen auf einen nach-olympischen Zeitraum verschieben wollte.
Die Amerikaner behaupteten ihre Position als erfolgreichste Schwimm-Nation bei Olympischen Spielen mit sechs-

Und auch diese Nachricht fehlte nicht bei den Schwimmern: Einen Tag nach Beendigung der Wettbewerbe wurde der Russe Andrej Kornejew, der über 200 m Brust den dritten Platz belegt hatte, der Einnahme eines stimulierenden Mittels überführt – die Bronzemedaille wurde ihm umgehend aberkannt und dem bisherigen Vierten, dem Briten Nick Gillingham zugesprochen.
Bei allen Erfolgen blieb deshalb einmal mehr ein schaler Beigeschmack und wieder wurde die Frage aufgeworfen, wann die Athleten – und nicht zuletzt auch die Zuschauer – ihre Erwartungen zurückschrauben und für »saubere« Leistungen auch schwächere Zeiten in Kauf nehmen.

Der Amerikaner Tom Dolan fliegt über 400 m Lagen zum Sieg.

Brad Bridgewater macht mit dieser Geste klar, wer über 200 m Rücken der Größte ist.

War über 200 und 400 m Freistil nicht zu schlagen: Danyon Loader aus Neuseeland

Während die US-Schwimmer Gold über 4 x 200 m Freistil bejubeln, freut sich die deutsche Staffel (unten) über die Bronzemedaille.

Mark Warnecke aus Essen sorgte mit dem 3. Platz über 100 m Brust für die Überraschung.

Schwamm schon im Vorlauf einen 100 m-Weltrekord : Frederick Deburghgraeve

Mit Salto und Schrauben 10 Meter in die Tiefe

»Damit hätte ich nie gerechnet«, lachte die 21jährige Rostockerin Annika Walter noch Minuten nach der Siegerehrung ungläubig in die Kameras. Als ehemalige Kunstspringerin brachte sie bei ihrem Wechsel ins nasse Element das richtige Körpergefühl für Schrauben und Überschläge mit – der Lohn war die Silbermedaille.

An der Vormachtstellung der Chinesin Mingxia Fu, die als 13jährige 1992 in Barcelona als jüngste Goldmedaillengewinnerin vom 10-Meter-Turm in die olympische Geschichte eingegangen war, konnte Annika Walter allerdings nicht rütteln. Deutlich auch die Überlegenheit der Chinesin vom Drei-Meter-Brett: Präzise Sprünge mit höchsten Schwierigkeitsgraden ließen zu keinem Zeitpunkt Zweifel an ihrem Sieg aufkommen.

Als ebenso nervenstark wie Walter erwies sich Jan Hempel im Finale vom 10-Meter-Turm. In den letzen beiden Durchgängen, bei denen er auch seinen Spezialsprung – eineinhalbfacher Salto mit viereinhalb Schrauben zeigte –, kämpfte sich der Dresdener noch vom vierten auf den zweiten Rang vor. Geschlagengeben mußte Hempel sich nur von Welt- und Europameister Dimitri Sautin aus Rußland, der damit als einziger Teilnehmer in die Gold-Phalanx der Springer aus dem Reich der Mitte einbrechen konnte.

Im freien Fall und mit vorbildlicher Haltung in die Tiefe – Momentaufnahme vom Turmspringen.

Annika Walter schloß den Wettkampf von der 10 m-Plattform überraschend als Zweite ab.

Atlant

a 1996

Gastfreundschaft endete bereits beim ersten Gerät

Im Schnitt 35 000 Zuschauer im Georgia-Dome an jedem Wettkampftag, zudem Zehntausende bei jedem Training: Das olympische Kunstturnen entwickelte sich zum wahren Publikumsmagneten. Die Voraussetzungen für eine olympiawürdige Veranstaltung waren gegeben, wäre da nicht die allgegenwärtige Unfairneß gegenüber nichtamerikanischen Athleten gewesen. Mit einer Welle nationaler Begeisterung versorgten die Amerikaner ausschließlich ihre Turner und Turnerinnen mit Beifallsstürmen, kühl blieb dagegen der anerkennende Applaus für die »Ausländer«. Für diese »Stimmungsmache« ernteten die Gastgeber zu Recht Kritik, denn für die Aktiven war es reine Nervensache, in diesem Hexenkessel zu bestehen.

Das Abschneiden der US-Boys war allerdings nicht nach dem Geschmack des Publikums, denn außer Jair Lynch, der am Barren die Silbermedaille gewann, kam keiner auf einen Medaillenrang. Statt dessen dominierten zu Beginn – im Mehrkampf – die Russen, die es wohl vor allem ihrem Trainer Leonid Akajew zu verdanken hatten, daß ihnen erneut die Goldmedaillen umgehängt wurden. Als Verbandspräsident und Trainer hatte er die Riege trotz verminderter finanzieller Mittel und unzulänglicher Trainingsbedingungen zusammengehalten, hatte selbst jedes noch so verlockende Trainer-Angebot aus dem Ausland zurückgewiesen, um seine Turner noch einmal ganz nach vorn zu bringen. Obwohl die meisten russischen Turner ihr Geld inzwischen im Ausland verdienen, kehrten sie vor den Spielen zur Nationalmannschaft zurück und holten dank der ausgeglichensten Mannschaftsleistung verdient den Olympiasieg vor China und der Ukraine.

In den Einzelfinals erwarteten Experten noch einmal einen Glanz-Auftritt des 1992 als »Jahrhundert-Turner« gefeierten sechsfachen Goldmedaillengewinners Vitali Scherbo, der inzwischen für Weißrußland an den Start geht. Für ihn ging es nicht zuletzt auch darum, bei seinem letzten Olympia-Auftritt seinen Marktwert noch einmal zu steigern, denn nach Atlanta reist er als Schauturner um die Welt.

Aus der Neuauflage seines Gold-Auftritts wurde nichts: Schon im Mehrkampf mußte sich der Titelverteidiger Xiaoshuang Li aus China und dem Russen Alexej Nemow geschlagen geben. Als Dritter haderte er vor allem mit den Kampfrichtern, die er als »fast blind« bezeichnete - der Verdacht, sie übervorteilten andere Teilnehmer, war aber wohl in erster Linie seinem Unvermögen zuzuschreiben, sich die eigene, nicht zufriedenstellende Leistung offen einzugestehen. Kopfschüttelnd sah man Scherbo auch nach seinem »Blackout« am Boden mit zahlreichen Fehlern und nach Platz drei am Reck. Seine Bronze-Sammlung komplettierte er mit jeweils dritten Plätzen beim Pferdsprung und am Barren.

Daß Scherbo in Atlanta überhaupt an den Start ging, war eigentlich bemerkenswert genug: Im Dezember 1995 hatte seine Frau Irina einen schweren Autounfall, wochenlang lag sie im Koma. Für Vitaly Scherbo stand ab da nicht mehr der Sport im Mittelpunkt, sondern der ungewisse Genesungsprozeß seiner Frau. Erst als Irina am 13. Januar 1996 wieder aufwachte, rückten die olympischen Spiele für den Sportler wieder ins Blickfeld. Mittlerweile um 15 Pfund schwerer als zu seinen besten Zeiten, begann er wieder mit dem Training und fand den Weg zurück in die Weltklasse.

Der Berliner Andreas Wecker qualifizierte sich an den Ringen und am Reck, ein unfreiwilliger Abgang am Pauschenpferd raubte ihm sogar die Chance auf eine dritte Finalteilnahme. Ebenso ungläubig wie Andreas Wecker quittierten die Zuschauer die Wertung am »Königsgerät« Reck: Zwar hatte der Berliner nach der Kür und gelungenem Abgang mit geballter Faust seinen Triumph dokumentiert; doch zunächst hieß es noch abwarten, was die Konkurrenz am Reck zu bieten hatte. Mit der ungünstigen Startnummer 2 am Gerät wußte Wecker, daß sich die Kampfrichter gern noch das eine oder andere Zehntel nach oben offenlassen. Aber dann wurde sein Traum doch Wirklichkeit: Obwohl der Bulgare Krasimir Dounev sich als wahrer Flugartist erwies und auch der Chinese Fan Bin als letzter Turner spektakuläre Flugelemente bot, kam keiner an die 9,850 Punkte heran, die Wecker vorgelegt

Scheinbar schwerelos fliegt Andreas Wecker bei seiner Reck-Kür durch die Luft.

Links: Vitaly Scherbo (rechts), in Barcelona 1992 der überragende Turner, mußte die Überlegenheit von Andreas Wecker am Reck anerkennen.

Rußland stellte im Mannschafts-Mehrkampf eindeutig die besten Turner – Gold war der verdiente Lohn.

hatte. Das nur 1,64 m große Kraftpaket holte damit bei den Jubiläumsspielen das erste deutsche Gold am Reck nach Hermann Weingärtner, der dieses Kunststück 1896 in Athen fertiggebracht hatte.
Als einziger Westeuropäer hatte sich Wecker schon bei den olympischen

Alexej Nemov (RUS) war mit insgesamt sieben Medaillen der erfolgreichste Turner in Atlanta.

Spielen in Barcelona mit den Turnern aus Rußland und Asien messen können, holte 1992 Silber am Reck und Bronze an den Ringen. Mit der Weltmeisterschafts-Kür, mit der der frühere DDR-Athlet 1995 in Sabae den Titel geholt hatte, kam er schließlich auch in Atlanta auf die Gold-Spur. Vergessen in diesem Augenblick, daß es an den Ringen nur zu Platz fünf gereicht hatte.
Als erfolgreichster Teilnehmer und Nachfolger von Scherbo ließ sich der Russe Alexej Nemow feiern. Dem 20jährigen Allround-Talent und Pferdsprung-Weltmeister stehen noch alle Türen offen, nachdem er sich zweimal Gold, einmal Silber und dreimal Bronze an die Brust heften konnte.
Für die größte Überraschung sorgte der 19jährige Ioannis Melissanidis, ein in Deutschland geborener Grieche und bisher ein weitgehend unbeschriebenes Blatt im Kunstturnen. Er holte selbst für Experten unerwartet den Olympiasieg am Boden.

Bei den Frauen gab es eine Menge Favoriten: Durch den Zusammenbruch der UdSSR, die jahrzehntelang die internationale Turnspitze geprägt hatte, kamen die Medaillenhoffnungen nun aus Rußland, Weißrußland und der Ukraine, außerdem gingen die traditionell starken Turnnationen China und Rumänien an den Start.
Auch für die USA begannen die Wettbewerbe verheißungsvoll: Sie holten zum ersten Mal in der Olympiageschichte die Goldmedaille im Mannschaftsfinale und die ganze Nation erhob ihre »Golden Girls« in den Rang von Heldinnen. Dazu trug eine ebenso spektakuläre wie hollywoodreif verwertete Szene aus dem Mehrkampf-Finale bei. Nach dem letzten Pferdsprung landete die 18jährige Kerri Krug mit dem linken Fuß unglücklich auf der Matte – Diagnose: schwere Stauchung.

Li Donghua (SUI) zeigte am Seitpferd die besten Leistungen.

Während die Turnerin vor Schmerzen schrie, brachen im Georgia Dome Beifallsstürme los. Die Zuschauer glaubten offensichtlich, daß Kerri mit ihrem Sprung die Goldmedaille gerettet hatte. In Wahrheit führten die USA bereits vor diesem Sprung uneinholbar vor Rußland und Rumänien. Startrainer Bela Karoly nutzte die Gunst der Stunde und trug die Verletzte – wie auf einem Tablett – auf den Armen quer durch die Arena. Karoly führte auch nach dem Wettkampf die Legendenbildung fort, als er konstatierte: »Von Kerri wird man in Amerika noch in hundert Jahren sprechen«.
Der Heimvorteil reichte nach dem Mannschaftsgold in den Einzel-Wettbewerben für den ganz großen Triumph allerdings nicht aus. In der Gesamtwertung behaupteten – zumindest bei den Frauen – die Favoritinnen aus dem Ostblock ihre Vormachtstellung und rückten in den folgenden Tagen die Turnwelt durch bestechende Leistungen wieder gerade. Zum letzten Mal übrigens mit den von den meisten Turnern ungeliebten Pflichtübungen, vom kommenden Jahr an wird es neben den Gerätefinals nur noch einen Kür-Mehrkampf geben.
Die Nerven der meisten US-Turnerinnen waren dem enormen Erwartungsdruck nicht gewachsen, sie produzierten der Reihe nach Fehler und Geräteabgänge: Selbst die mit Olympia-Silber am Schwebebalken und im Mehrkampf 1992 erfolgreichste US-

Ebenso sicher wie unspektakulär absolvierte der Chinese Li Xiaoshuang den Einzel-Mehrkampf und gewann Gold.

Turnerin aller Zeiten – bei nicht-boykottierten Spielen –, die 18jährige Shannon Miller, patzte schon beim Pferdsprung und landete recht unsanft auf dem Hinterteil. Noch schlimmer erging es Teamgefährtin Dominique Moceanu am Schwebebalken, als sie abrutschte und mit dem Kopf auf den Balken knallte. Kaum einer wagte mehr zu atmen, doch äußerlich unbeeindruckt turnte Moceanu die Kür zuende. Nur Shannon Miller »beglückte« ihre Landsleute noch einmal, als sie das »geforderte« Gold am Schwebebalken

An den Ringen reichte es für den deutschen Reck-Olympiasieger Andreas Wecker trotz großer Präzision nur zum fünften Platz.

holte. Erfolgreichste Teilnehmerin wurde Lilia Podkopayewa aus der Ukraine. Die Mehrkampf-Weltmeisterin des Vorjahres ließ auch in Atlanta nichts »anbrennen«; dank einer atemberaubenden Bodenkür holte der »Sprungfloh« am Boden seine zweite Goldmedaille nach dem Mehrkampf-Einzel und nahm zudem Silber am Schwebebalken mit nach Hause.
Positiv wirkte sich während der Wettkampftage die Entscheidung des Internationalen Turnverbandes aus, ein Mindestalter von 15 Jahren für Olympia-Teilnehmerinnen festzulegen. So machte sich in Atlanta erstmals seit Jahren wieder ein Trend weg von der »Kinder-Akrobatik« hin zum eleganten Damen-Turnen bemerkbar, allenfalls die Chinesinnen mochten von Größe und Körperbau kaum als Teenager durchgehen.

Das genaue Gegenteil und wohl gerade deshalb immer noch eine Augenweide: Die 23jährige Swetlana Boguinskaja aus Weißrußland, die dreimal bei Olympischen Spielen Gold holte. Nach Barcelona hatte die »Grande Dame« des Kunstturnens eine Pause eingelegt, sich aber 1994 entschlossen, es doch noch einmal zu versuchen. In der Star-Schmiede von Bela Karoly holte sie sich den letzten Schliff: In Atlanta blieb sie zwar ohne Medaille, doch selbst die Amerikaner zollten ihren eleganten, ausstrahlungsreichen Vorstellungen immer wieder Sonderapplaus. Ebenso erging es der Rumänin Lavinia Milosovici, inzwischen 19 Jahre alt und damit ebenfalls eine der Erfahrenen im Turn-Zirkus. Sie zog noch einmal alle Register ihres Könnens und wurde Dritte im Mehrkampf. Trotz dieser Erfolge scheint allerdings festzustehen, daß der Generationswechsel im Damen-Turnen vollzogen ist.

Die Gerätefinals im Kunstturnen der Frauen fanden übrigens ohne deutsche Beteiligung statt: Yvonne Pioch und Kathleen Stark hatten in dem Teilnehmerfeld keine Chance, waren allerdings auch nicht ernsthaft dort vermutet worden.

Der »Herr der Ringe« Yuri Chechi (ITA) setzte sich gegen Marius Urzica (ROM) und Alexej Nemov (RUS) durch.

US-Trainer Bela Karoly gibt lautstark Anweisungen.

Beherrschte die Übung am Stufenbarren exzellent: Svetlana Chorkina (RUS)

Anmut und Grazie am Boden: Lilia Podkopayeva (unten und mit Blumen)

Publikumsliebling Shannon Miller (USA) enttäuschte die Erwartungen ihrer Landsleute nicht – Gold am Schwebebalken und im Mannschafts-Mehrkampf.

Kerri Krug (USA) verletzte sich beim Pferdsprung, turnte aber weiter.

Spektakulärer Sturz – zum Glück ohne Folgen für Dominique Moceanu

KOMMENTAR

»Fair geht vor « – Im tiefen Süden leider unbekannt

Für den normalen Südstaaten-Amerikaner, dessen Freizeitprogramm sonst aus erstens Fernsehen, zweitens Fernsehen und drittens Fernsehen besteht, war es die große Show. Täglich strömten die Massen zum Superdome, in der Turnerinnen und Turner aus aller Welt ein »Live-Erlebnis« boten. Insgesamt 583 845 Zuschauer sahen an jedem Turn-Tag Sport vom Feinsten. Am Abend des 29. Juli erlebten mehr als 32 000 Zuschauer das Beste vom Besten. Mit der Reck-Entscheidung stand die »Königsdisziplin« der Turner auf dem Programm. Andreas Wecker präsentierte, wie er hinterher sagte, »die Übung meines Lebens«. Die Goldmedaille für den Ex-Weltmeister war hochverdient. Aber das Publikum pfiff, denn es gefiel ihm nicht, daß der Sieger bereits als Zweiter am Gerät war und seine Gala von den sechs folgenden Reck-Assen nicht mehr übertroffen wurde. Das entsprach ganz und gar nicht dem Spannungsaufbau aller amerikanischen Fernsehspiele. »Die bejubeln eigentlich nur die eigenen Leute«, sagte Wecker, der Glück hatte, auf keinen US-Gegner im Final zu treffen. Auch andere Sportler hatten mit dem Patriotismus der Gastgeber zu kämpfen. »Das Gegröle« der Zuschauer sei »abartig« gewesen, beschrieb Schwimm-Medaillengewinnerin Dagmar Hase die aggressive Stimmung. Franziska van Almsick gab zu, beim vergeblichen Griff nach Gold auch daran gescheitert zu sein. Vor dem Superdome wurden sogar Handzettel verteilt, mit der Aufforderung, den nichtamerikanischen Turnerinnen und Turnern mit übermäßigem Lärm Angst einzujagen und besonders die Landsleute anzufeuern. »Fair geht vor« – im »tiefen Süden« wurde das Motto noch nicht einmal in den Rang eines Lippenbekenntnisses erhoben.

Hans Schwarz

Eine Randsportart erhielt überraschend großen Zuspruch

Am Ende fanden die jungen Frauen doch noch das Publikum, das sie verdient hatten: Rhythmische Sportgymnastik, eine der ästhetischsten Sportarten überhaupt, war zunächst das Stiefkind der Olympischen Spiele. Die Vorkämpfe fanden vor halbleeren Rängen statt - weil die Amerikanerinnen keine Medaillenchancen hatten? Im Mehrkampf-Finale dann aber doch Riesenstimmung: Durchschnittlich 19 Jahre alt, verzauberten die Teilnehmerinnen das Publikum durch Anmut und Grazie. Sie verwandelten technische Bewegungsabläufe in harmonische Kompositionen voller Eleganz. Selbst schwierigste Übungsteile fügten sich federleicht in die Kür ein, ließen die Zuschauer vergessen, wie viele hundert Stunden Trainingsarbeit zu solcher Vorstellung gehören.

Allen voran präsentierte sich die Ukrainerin Ekaterina Serebryanskaya als nahezu perfekte Allround-Gymnastin mit den geforderten »Geräten« Seil, Ball, Keulen und Band. Als Führende nach dem ersten Durchgang ließ sie sich den Olympiasieg nicht streitig machen und erwies sich damit als würdige Nachfolgerin der großen Alexandra Timoschenko vier Jahre zuvor.

Publikumsliebling war aber die mit 16 Jahren Jüngste im Feld: Janina Batyrschina holte Silber und ließ mit ihren originellen Vorträgen ahnen, daß ihr die Zukunft gehören kann. Nicht so glücklich lief es für Maria Petrova: 1995 noch an der Weltspitze, hat die 20jährige zwar nicht an Ausstrahlung, aber an Leistungsvermögen gegenüber der Konkurrenz verloren: Platz fünf für die Bulgarin.

Im erstmals seit 1956 wieder olympischen Gruppen-Finale hatten die Spanierinnen die Nase vorn. Sie überzeugten die Kampfrichter mit einer elanvoll-spritzigen Kür, gespickt mit neuen, schwierigen Reifen-Elementen.

Larissa Loukianenko (BLR) im kunstvollen Spiel mit dem Band

Verzauberten das begeisterte Publikum mit Keule und Bändern: Elena Vitrichenko (ganz oben), Batina Batyrschina (darunter) und Magdalena Brzeska (links)

Großes Foto: Bronzemedaillengewinnerin Elena Vitrichenko beherrscht den Ball nach Belieben.

Unten:Ekaterina Serebryanskaya während ihrer Goldkür

adidas
adidas

Vierer bewahren den Deutschen Ruder-Verband vor einer Blamage

Links: Die Australier Ginn, Tomkins, Green und McKay (v.l.) ruderten im Vierer ohne Steuermann souverän zum Sieg.

Die abgelegene Olympia-Idylle am 300 Meter hoch gelegenen Lake Lanier nahe des Provinznestes Gainsville trog: Ein fast kollektives Leistungstief ließ die stolzen Medaillenträume der deutschen Ruderflotte über Bord gehen. Dazu kamen offen zutage tretende Meinungsverschiedenheiten zwischen Athleten, Trainern und Verbandsführung. Die Bilanz war unbefriedigend und nur notdürftig mit Gold überzogen: Gegenüber Barcelona 1992, wo Deutschland mit zehn Medaillen (4 x Gold, 3 x Silber, 3 x Bronze) noch stärkste Rudernation und der Deutsche Ruderverband (DRV) einer der erfolgreichsten deutschen Verbände war, konnten in Atlanta nur vier Medaillen (2-1-1) eingefahren werden.

In den 14 Olympia-Klassen waren sechs vorzeitige Ausfälle zu beklagen. Besonders enttäuschend war der Auftritt des Frauen-Achters, der, 1994 noch Weltmeister, nur Letzter im Feld wurde. Vierer und Zweier ohne Steuermann aus dem Leistungszentrum Dortmund mußte sich sogar vorzeitig verabschieden. Auch bei der olympischen Premiere der Leichtgewichte stand der DRV am Ende mit komplett leeren Händen da. Als einziger deutscher Finalteilnehmer verpaßte der Vierer ohne Steuermann die angestrebte Medaille und mußte mit Platz fünf vorliebnehmen. Die Position als führende Rudernation gaben die Deutschen an Australien ab, die sich erfolgreich auf »ihre« Spiele 2000 in Sydney einstimmten.

Was blieb, war der vergoldete »Doppelschlag« der Doppelvierer, Silber für den Deutschland-Achter, Bronze für Altmeister Thomas Lange sowie die Erkenntnis von Bundestrainer Ralf Holtmeyer: »Wir haben eben nicht so viel Potential, um in der Breite mit der internationalen Spitze zu konkurrieren«.

Als Bilanz-Schönfärber betätigten sich zum Abschluß der Ruder-Wettbewerbe die beiden Doppelvierer, Männer und Frauen, die den DRV vor einer totalen Pleite bewahrten. Kathrin Boron, Kerstin Köppen, Katrin Rutschow und Jana Sorgers mußten im Finale zunächst das Team aus der Ukraine passieren lassen. Nach der Hälfte der 2000 m langen Strecke aber machten die Weltmeister von 1994 und 1995 ernst, setzten sich Schlag für Schlag von ihren Konkurrentinnen ab und fuhren ungefährdet zum Erfolg. Dritter wurde Kanada. Für Aufsehen sorgte das deutsche Boot, dessen letzte Niederlage aus dem Jahr 1993 datiert, nicht nur durch seine Leistung. Die Berliner Studentin Katrin Rutschow zog mit ihren knallrot gefärbten Haaren alle Blicke auf sich. Zur Begründung meinte sie: »Die andern drei sind blond. Da muß man doch einen Kontrast dagegensetzen«. Nur 20 Minuten später wiederholten Andreas Hajek, André Steiner, Stephan Volkert und André Willms das Kunststück. In einem einsamen Rennen ließ das konzentriert und kraftvoll auftretende Quartett der Konkurrenz keine Chance. Sie verwiesen die USA und Australien auf die Plätze. Auch die Männer waren die ganze letzte Saison über ungeschlagen und beide Vierer-Boote bestätigten ihren Erfolg bei den letzten Spielen in Barcelona.

Vorhergehende Seite: Thomas Lange verabschiedete sich nach 22 Jahren mit einer Bronzemedaille aus der Ruderszene

Nach einem dramatischen Rennen erreichten die Niederländer im Achter als erste die Ziellinie, gefolgt vom deutschen Boot, das den Favoriten einen großen Kampf lieferte, der erst im letzten Streckenabschnitt entschieden wurde.

Der niederländische Achter jubelt über den Gewinn der Goldmedaille.

Niederländische Fans gehen ungewöhnliche Wege, um zu ihren Helden zu kommen.

Der Schweizer Einzel-Olympiasieger Xeno Müller umarmt den drittplazierten Skuller Thomas Lange (r.)

Der Männer-Achter, populärstes Boot und Weltmeister von Tampere 1995, konnte sich nur über den Hoffnungslauf für das Finale qualifizieren. Dort mußte sich das Paradeboot des DRV den übermächtigen Niederländern beugen. Im dritten Abschnitt der 2000 m langen Strecke sicherten sich die Niederländer den Olympiasieg mit einer Länge Vorsprung. In einem gewaltigen Schlußspurt konnten die Deutschen aber noch das russische Boot niederhalten. Außer sich vor Freude, und weil er als einziger noch die Kraft dazu hatte, schlug Steuermann Peter Thiede mit den Händen auf die Wasseroberfläche. Wenig später war die Begeisterung der acht Ruderer über ihre Silbermedaille nach der verkorksten Saison so groß, daß Thiede von den Kameraden ins Wasser geworfen wurde.

Immerhin gab der Erfolg Bundestrainer Holtmeyer recht, der wenige Wochen vor den Spielen das Boot auf vier Positionen umbesetzte und dafür viel Kritik einstecken mußte. Daraus entwickelte sich ein regelrechtes »Achter-Drama« mit Streit und öffentlichen Schuldzuweisungen.

»Aus Erfahrung gut« stand auf dem Boot des Ruderers Thomas Lange, der bei diesen Olympischen Spielen sein letztes Rennen bestritt. Über ausreichend Erfahrung verfügte der fünffache Weltmeister, der 1988 in Seoul und 1992 in Barcelona Gold gewann, allemal. Aus Aberglaube hatte sich Lange, der als bester Techniker unter den Weltklassefahrern gilt, sogar das Goldtrikot von 1992 übergestreift. Es nutzte nichts. In einem dramatischen Finale blieb dem 32jährigen der olympische Hattrick verwehrt. Dennoch war ihm seine Bronzemedaille Gold wert: »Ich bin ein volles Rennen gefahren. Mehr war nicht drin. Die meisten Leute waren auf Gold von mir fixiert, ich dagegen nicht... Ich wollte eine Medaille und ich habe sie«. Als der 32jährige Deutsche nach dem bärenstarken Schweizer Xeno Müller und dem Kanadier Derek Porter die Ziellinie passierte, senkte er den Kopf: »Ich dachte das war's, jetzt ist es vorbei«, kommentierte Lang später diese Szene. Nach der Siegerehrung suchte der Mann, der mit 16 Jahren jüngster Junioren-Weltmeister aller Zeiten war, den Kontakt zu dem Element, dem er 22 Jahre lang treu geblieben war. Im Wasser kraulte er ein paar Züge und entschwand ins Zivilleben. Auf den Mediziner wartet eine Stelle in der Inneren Abteilung des Krankenhauses in Ratzeburg.

Das deutsche Paradeboot gab mit seinem zweiten Platz die passende Antwort auf Kritiken, die im Vorfeld der Spiele aufgekommen waren.

Erstmals wurden bei Olympischen Spielen die sog. Leichtgewichtsrennen ins Programm genommen. Der Doppelzweier und der Vierer ohne Steuermann der Männer sowie der Doppelzweier der Frauen feierten auf dem

Triumph für den deutschen Doppelvierer in der Besetzung André Wilms, Andreas Hajek, Stephan Volkert und André Steiner (v.l.)

Nach Zieleinlauf im Frauen-Achter waren die Teilnehmerinnen total erschöpft.

Steven Redgrave gewann im Zweier sein viertes Olympiagold.

Lake Lanier ihr olympisches Debüt. Weichen mußten dafür der Zweier und der Vierer mit Steuermann der Männer sowie der Zweier ohne Steuerfrau. Mit dieser Neuerung wollte der Weltverband auch Nationen eine Chance einräumen, in deren Booten nicht nur Kolosse sitzen.

Die deutschen Aktiven äußerten sich nach den Wettkämpfen unzufrieden mit der Führung ihres Verbandes. »Bei uns herrscht das Gießkannenprinzip. Der Verband müßte mehr auf die Leistung Einzelner achten« wetterte Kathrin Boron kurz nach der Siegerehrung. Ihr aussichtsreicher Vorstoß, zusammen mit Kerstin Köppen auch im Doppelzweier anzutreten, wurde vom DRV mit der Begründung abgelehnt, daß dies die Zahl der geförderten Kaderplätze vermindern würde.

Insgesamt haben in Atlanta 16 Länder Medaillen gewonnen. Die 14 Goldmedaillen teilen sich elf Nationen. Dies ist ein deutlicher Hinweis darauf, daß die Zeit der übermächtigen Rudernationen, wie ehedem die USA oder die DDR, zu Ende gegangen ist. In vielen Ländern gibt es regelrechte »Flottenaufrüstungsprogramme«, mit finanziellen Mitteln, die dem DRV nicht einmal annähernd zur Verfügung stehen. Der Jahresetat 1996 des DRV von 2,1 Mio. DM wird von den Australiern um etwa das Dreifache überschritten. Bundestrainer Holtmeyer kritisierte deshalb das Fördersystem des deutschen Sports. Die Spanier beispielsweise honorieren einen Olympiasieg mit ansehnlichen 120 000 DM, die Ukraine gar mit 100 000 Dollar.«

Sportgeschichte schrieb der britische Ruderer Steven Redgrave: Nach 1984 in Los Angeles (Vierer mit Steuermann), 1988 in Seoul, 1992 in Barcelona holte er auf dem Lake Lanier zusammen mit seinem Partner Matthew Pinsent, zum viertenmal in Folge olympisches Gold. Der erfolgreichste Ruderer aller Zeiten hat nun aber die Nase voll:»Die Schinderei der letzten Jahre hat sich zwar wieder gelohnt... aber falls mich irgendjemand in der Nähe eines Bootes sehen sollte, kann er mich erschießen.«

Jana Sorgers, Kerstin Köppen und Katrin Rutschow (v.l.) aus dem erfolgreichen deutschen Doppelvierer

Medaillensegen oder verpuffte Leistungsexplosion?

Die Kameras zeigten viele glückliche Sieger und Medaillengewinner. Vier deutsche Ruderinnen und 13 deutsche Ruderer verließen das Ufer des Lake Laniers vor den Toren Atlantas mit Gold, Silber oder Bronze. Die Welt des Deutschen Ruder-Verbandes (DRV) schien in Ordnung. Die Doppel-Vierer der Frauen und Männer erruderten jeweils Gold, der Deutschland-Achter rettete eine schon mißraten geglaubte Saison mit einer Silbermedaille, und »Oldie« Thomas Lange holte nach zwei Olympiasiegen im Einer noch einmal Bronze. Also reichlich Grund zum Jubel und zur Freude, die auch vom Fernsehen allemal lieber präsentiert werden als Trübsal und Mißmut. Zu sehen waren glückliche Sportlerinnen und Sportler, die für jahrelange, harte Arbeit belohnt worden waren. Doch bei einer genaueren Analyse mußte man feststellen: Gegenüber Olympia 1992 in Barcelona fehlten 60 Prozent an Medaillen. Hatten in Katalonien noch zehn Boote auf den besten drei Plätzen gelegen, waren es in Georgia – trotz eines um die Leichtgewichte erweiterten Programms – nur noch vier. Der Erfolgstrend war damit noch negativer als vor den Spielen erwartet. Die Leistungsexplosion, die nach der Wiedervereinigung aufgetreten war, ist mittlerweile verpufft. So gut wie in Atlanta 1996 waren die bundesdeutschen Sportler in etwa auch in Seoul 1988, dort aber ohne die Kräfte aus den neuen Bundesländern. Dennoch: Auch auf die zweitstärkste Mannschaft der Welt kann der DRV stolz sein. Gründe für die Konflikte, die nach den Regatten zwischen Trainer, Athleten und Funktionären auftraten, gab es eigentlich nicht. Bei Olympia in Sydney 2000, wenn die gastgebenden Australier noch stärker als in Atlanta sein werden, hängen die Medaillen noch höher.

Hans Schwarz

»Pink-Flotte« erfüllt die in sie gesetzten Erwartungen

Eine beeindruckende Leistung boten die deutschen Kanuten am Lake Lanier: Viermal Gold und zweimal Silber fuhr die »Pink-Flotte« des Deutschen Kanu-Verbandes (DKV) ein. Damit holte sie – wie schon in Barcelona – zur Freude von DKV-Präsident Ulrich Feldhoff die meisten Medaillen im deutschen Olympiateam.

Ausnahmeathletin Birgit Fischer gewann Gold mit dem Vierer und holte sich Silber im Zweier. Allerdings verpaßte die 34jährige fünffache Olympiasiegerin die historische Chance, die erfolgreichste deutsche Olympia-Teilnehmerin aller Zeiten zu werden. Die vielfache Weltmeisterin selbst war darüber nicht allzu deprimiert und freute sich statt dessen über ihre aktuellen Erfolge in Atlanta.

Eine große Überraschung war der Olympiasieg von Kay Bluhm und Torsten Gutsche, die im Kajak-Zweier über 500 m ihrer Erfolg von Barcelona ebenfalls wiederholen konnten. Den beiden Potsdamern, die schon seit vielen Jahren zusammenfahren, gelang es auf den letzten Metern, die favorisierten und als spurtstark geltenden Italiener Beniamino Bonomi und Daniele Scarpa mit einem Vorsprung von 0,03 Sekunden abzufangen.

Seiner Favoritenrolle gerecht wurde der Vierer der Männer. Thomas Reineck, Mark Zabel, Olaf Winter und Detlef Hofmann ließen sich nur auf den ersten hundert Metern auf taktische Spielchen ein. Dann hatten sie genug, zogen unwiderstehlich an und ließen den anderen Booten keine Chance.

Der Zweier-Canadier mit Andreas Dittmer und Gunar Kirchbach aus Potsdam schlug in einem furiosen Schlußspurt die favorisierten Ungarn und überquerte nach 1000 m als erstes Boot die Ziellinie. Im Rennen über 500 m konnten sie diese Leistung nicht wiederholen und landeten auf dem vierten Platz.

Rechts: Für die Viererbesatzung begann erst an Land die ausgiebige Gratulationscour.

Großes Bild: Legen sich vom Start weg in die Riemen – Kay Bluhm und Torsten Gutsche (im Vordergrund)

Birgit Fischer und Ramona Portwich wurden für ihre Anstrengungen mit Silber belohnt.

Der »goldene« deutsche Frauenvierer in der Besetzung Fischer, Schuck, Portwich und Mucke

Andreas Dittmer und Gunar Kirchbach freuten sich nach »getaner Arbeit« (oben) bei der Siegerehrung über den verdienten Lohn.

Manche Hoffnung versankt im Wasserstrudel

Keiner war in den tosenden Fluten des Wildwasser-Parcours am Ocoee Whitewater Center schneller als Oliver Fix. Der 23jährige Weltmeister holte im Einer-Kajak souverän die Goldmedaille. Damit hatte der Medizinstudent nicht nur die 15 000-DM-Prämie verdient, sondern auch alles erreicht, was ein Slalom-Kanute erreichen kann – Olympiasieg, Weltmeister im Einzel und in der Mannschaft.

Dabei war Oliver Fix mit seinem ersten Lauf durch den naturbelassenen Wildwasser-Parcour überhaupt nicht zufrieden: »Ich habe viel improvisiert. Ab und zu war es sehr knapp, ich dachte schon, ich hätte eine Torstange berührt.« Komplettiert wurde der deutsche Erfolg im Einer-Kajak durch Thomas Becker, der sich den dritten Rang erkämpfte.

Begeistert verfolgten die Zuschauer an der wunderschönen Wettkampfanlage die spannenden Rennen, bei denen nicht allen deutschen Kanuten das Kunststück gelang, die Fließgeschwindigkeit optimal auszunutzen und gegen die Strömung die Tore zu durchfahren. Im Zweier-Canadier mußten sich Andre Ehrenberg und Michael Senf mit Bronze begnügen, im Einer-Kajak der Frauen enttäuschten die deutschen Athletinnen auf ganzer Linie. Titelverteidigerin Elisabeth Micheler-Jones aus Augsburg fuhr nur auf den zehnten Platz.

Wegen der insgesamt nicht ganz zufriedenstellenden Bilanz des Deutschen Kanu-Verbands (DKV), der mehr Medaillen erhofft hatte, brodelte es nicht nur auf der Wildwasserstrecke. DKV-Präsident Ulrich Feldhoff kritisierte vor allem das magere Ergebnis der Frauen. »Vielleicht haben sich die Damen zu lange auf der Olympiastrecke vorbereitet«, mutmaßte er in Anspielung auf das zwölfwöchige Trainingslager in Atlanta.

Rechts: Häufig erinnerten die Aktionen an Wildwasser-Akrobatik.

Rechts: Titelverteidigerin Elisabeth Micheler-Jones landete auf dem 10. Platz.

Oben: Erkämpfte sich Bronze im Einer-Kajak – Thomas Becker

Bronzemedaillengewinnerin Patrice Estanguet (FRA) schlängelt sich an einem Tor vorbei.

Rechts: Ließ sich von der brausenden Flut nicht beirren und paddelte zum Olympiasieg – Oliver Fix

Unten: Mit kräftigem Armzug zum Gold - Stepanka Hilgertova (CZE)

Unten: Der deutsche Zweier-Canadier Andre Ehrenberg und Michael Senft

Mit Blitzableiter durch den Atlantik: Segeln vor Savannah

Skipper Jochen Schümann rettete bei den olympischen Regatten vor Savannah in der Soling-Klasse die Ehre der deutschen Segler. Der 42jährige Steuermann, der im bayerischen Penzberg zu Hause ist, und seine beiden Vorschoter Thomas Flach und Bernd Jäkel aus Berlin besiegten im Matchrace-Finale das russische Team um Steuermann Georgi Schaiduko mit 3:0 und gewannen die Goldmedaille. Schümann bewahrte damit das deutsche Team vor der totalen Medaillen-Flaute und holte zugleich die erste olympische Medaille für den Deutschen Segler Verband seit 1984.

Für Schümann war es zugleich der dritte Olympiasieg nach 1976 im Finn-Dinghy und 1988 im Soling, damals noch für die DDR am Start. Damit avancierte der gebürtige Berliner endgültig zum erfolgreichsten deutschen Segler überhaupt und greift nach dem olympischen Rekord des Dänen Poul Elvström, der insgesamt achtmal dabei war und von 1948 bis 1960 viermal in Folge Gold im Finn Dinghy gewann.

Das launische Wetter bereitete den Seglern Probleme. Hier kentert der Brasilianer und spätere Olympiasieger Robert Scheidt in der Laser-Klasse.

In der Soling-Klasse, mit einer Länge von 8,15 m und einer Segelfläche von 21,7 m² das größte Boot und seit 1972 im olympischen Programm, war – wie schon in Barcelona – ein »Match Race« im K.o.-System für die sechs besten Crews angesetzt, um die Medaillengewinner zu ermitteln. An einem solchen Showdown waren vor allem die Fernsehanstalten interessiert. Sie wollten spektakuläre Aufnahmen zeigen, und die liefert ein Match Race im Kampf Boot gegen Boot – ähnlich wie beim America´s Cup der Hochseesegler – eher als eine Regatta im Verband.

Geht es bei einem normalen Rennen vor allem um eine möglichst hohe Geschwindigkeit, so sind beim Match Race in einer Serie »best of five« auf einer abgegrenzten Regattabahn in erster Linie die taktischen Fähigkeiten der Skipper gefragt. Vor allem geht es darum, den Gegner auszulavieren und ihn, wenn möglich, zu Fehlern zu zwingen, die dann mit einer Strafzeit verbunden sind.

In Atlanta waren die Boote aus Deutschland und den USA als punktbeste Teams direkt für das Halbfinale qualifiziert. In der Ausscheidung der Nächstplazierten hatten sich der Brite Andrew Beadsworth im Viertelfinale gegen die Schweden und das russische Boot gegen die Kanadier durchgesetzt. Schümann besiegte im Halbfinale, das sich wegen der widrigen Witterungsbedingungen über zwei Tage hinzog, den Briten Beadsworth glatt mit 3:0.

Im Finale erwies sich Schümann, der schon seit 1984 mit seiner Crew eine verschworene Gemeinschaft bildet, einmal mehr als Meister an der Pinne. Im ersten Rennen lagen zunächst die überraschend durch ein 3:0 gegen die USA ins Finale eingezogenen Russen in Front, dann nutzte Schümann einen überraschenden Winddreher und zog an den Konkurrenten vorbei. Nach einem Start-Ziel-Sieg des Deutschen in der zweiten Wettfahrt bescherte ein heftiges Gewitter den Seglern eine unfreiwillige Pause, doch davon ließ sich Jochen Schümann ebensowenig wie von den widrigen Winden irritieren und blieb auch im dritten Rennen vor dem russischen Kielboot.

Mehr oder weniger enttäuschend war hingegen das Abschneiden der anderen deutschen Starter. Von ihnen hielten sich die zweifachen Weltmeisterinnen Susanne Bauckholt und Kathrin Adlkofer (Taunusstein/Zürich) noch am besten. Nach einem zweiten Platz in der vorletzten Wettfahrt durften sie mit einem Rückstand von zwei Punkten auf einen Medaillenrang bis zuletzt hoffen, eine Bronzemedaille in der 470er Klasse zu holen. Doch am Ende langte es nicht ganz, und sie rangierten in der Gesamtwertung lediglich auf Platz fünf.

Der 470er, ein 4,70 m langes Schwertboot, zählt seit Olympia 1976 (Montreal) zum olympischen Programm.

Die Soling-Sieger: Steuermann Jochen Schümann mit seinen Vorschotern Thomas Flach und Bernd Jäkel auf dem Weg zur Goldmedaille

SCHUEMANN
FLACH
JAEKEL
GER

Im Trapez durch die Wassaw Bay: Die Goldmedaillengewinner in der 470er Klasse, Jewgeni Braslawets und Igor Matwijenko aus der Ukraine

Elegant, aber knapp an einer Medaille vorbei: Susanne Bauckholt und Kathrin Adlkofer in der 470er Jolle

Im Finale der Laser-Klasse, die in Atlanta ihre olympische Premiere feierte, vergab Stefan Warkalla vom Möhnesee seine Medaillenchance durch einen Frühstart mit anschließender Disqualifikation. Am Ende belegte er wie Bauckholt/Adlkofer einen nicht befriedigenden fünften Platz.

Besonders enttäuscht waren die Tornado-Segler Roland Gäbler/Frank Parlow. Das für den Norddeutschen Regatta-Verein Hamburg startende Duo galt nach dem Gewinn der Weltmeisterschaft in dieser schnellsten olympischen Bootsklasse im Januar 1996 im Mooloolaba (Australien) als Olympiafavorit, aber fehlender Teamgeist brachte sie um den Erfolg. Erst als sie schon aussichtslos zurücklagen platzte der Knoten: Zweimal fuhren sie auf Rang zwei, einmal gelang ihnen ein Tagessieg. Ein weiterer Tagessieg in der letzten Wettfahrt hätte sie sogar noch auf den Bronzerang katapultieren können, doch daraus wurde nichts. Das Projekt Goldmedaille endete mit einem siebten Platz in der Gesamtwertung.

Wie schon bei den Olympischen Spielen von Barcelona gab es auch vor Savannah vier gemeinsame Kategorien (Soling, Star, Laser und Tornado) und drei getrennte Klassen für Männer und Frauen: 470er, das Finn-Dinghy und dessen weibliches Pendant Europe, sowie das Mistral-Surfen. Die Athleten tragen diesen noch relativ neuen Wettbewerb auf dem 3,72 m langen Mistral-Brett aus.

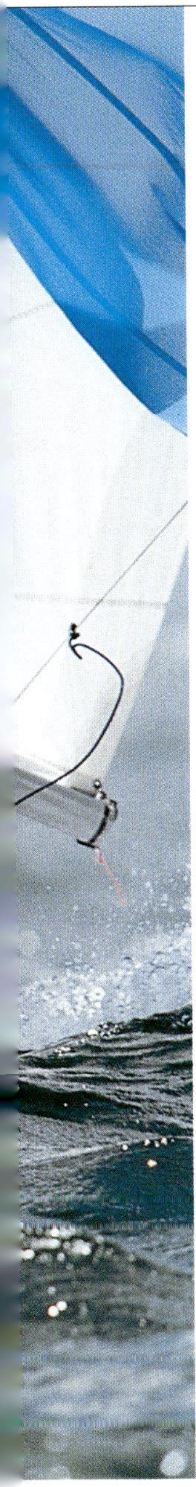

1984 stand Surfen erstmals auf dem olympischen Programm, seit 1992 auch für Frauen. In dieser Disziplin sorgte Lay Shan-Lee mit ihrem Sieg für die erste – und wohl auch letzte – olympische Medaille für Hongkong. 1997 wird die britische Kronkolonie an China zurückgegeben.

Recht ungewöhnliche Bedingungen herrschten auf dem Segelrevier vor der Küste von Georgia, vier Autostunden von Atlanta entfernt, gleich in mehrfacher Hinsicht.
Untergebracht waren die Segler in einem Fünf-Sterne-Hotel in der historischen, 1734 von englischen Einwanderern gegründeten Stadt Savannah. Weil die Segelwettbewerbe nach dem Willen der Ausrichter unbedingt im Bundesstaat Georgia stattfinden sollten, war die Wahl auf Savannah gefallen. Bei den Seglern stieß die Wahl des Reviers schon vorher auf erhebliche Bedenken: Zu großer Zeitaufwand, zu hohe Kosten, zu wenig Publikumsnähe und wenig ideale Wettkampfbedingungen waren die Hauptpunkte der Kritik von seiten der Aktiven.

Zu den Wettbewerben ging es mit einem Shuttle-Boot in 40 Minuten Fahrzeit hinaus in den Wassaw Sound zur »Day Marina«, einer künstlichen Insel von 17000 m² Größe, wo jeder Nation ein etwa sechs mal sechs Meter großes Zelt mit Tischen und Stühlen, Ventilatoren, Fernsehern und Wäschespinden zur Verfügung stand.
Besonders in der ersten Regattawoche machten die Unbilden der Natur selbst erfahrenen Seglern zu schaffen: Den einen Tag herrschte Windstärke acht, tags darauf Flaute mit 40 °C. Im sumpfigen Mündungsgebiet des Savannah River mußte man auf alles gefaßt sein, sogar auf Blitz und Donner während einer Regatta. Die deutschen Segler installierten daraufhin vorsichtshalber Kupferdrähte als Blitzableiter.

Zahlreiche Änderungen im Reglement sollten dazu führen, die Wettbewerbe attraktiver zu gestalten: So wurde z. B. für jede Klasse ein besonderer Kurs gesteckt mit dem Ziel, die einzelnen Rennen kürzer zu gestalten. Sehr viel übersichtlicher als bislang erwies sich das neue Punktsystem: Das erstplazierte Boot erhielt 0,75 Punkte, das zweite zwei, das dritte drei, das vierte vier usw. Anders als 1992, wo man sich mit sieben Regatten begnügte, wurden in Savannah elf gesegelt. An fünf Wettkampftagen waren zwei Rennen angesetzt, die elfte Wettfahrt galt jeweils als Finale.

Bestens gelaunt präsentiert sich der Sieger im Mistral-Surfen, Nikolaos Kaklamanakis aus Griechenland.

Nicht immer herrschten widrige Verhältnisse: Traumwetter für die Seglerinnen der Europe-Klasse

»Der sieht doch aus wie ein Menschenfresser«

as Unglaubli-
ıe ist gesche-
en: Soeben
at Andrej
hemerkin
60 kg in
ie Höhe
ewuchtet.

»Kämpfen wie die Stiere« sollten die deutschen Heber nach der Devise von Cheftrainer Frank Mantek. Und sie kämpften – mit zweimal Silber und einmal Bronze sowie zwei eingestellten Weltrekorden war die Ausbeute der deutschen Gewichtheber im Georgia World Congress Center respektabel. Bravourös gekämpft hatte Ronny Weller im Superschwergewicht – und für ein paar Minuten durfte er sich sogar als »stärkster Mann der Welt« fühlen. Im olympischen Zweikampf der Muskelberge hatte er 455 kg in die Höhe gestemmt, davon 200 kg im Reißen und 255 kg – Weltrekord – im Stoßen. Im Siegestaumel ließ sich der Mutterstädter mit augestreckten Gliedern nach hinten auf den Boden fallen, zog die Schuhe aus und warf sie ins Publikum. Wer sollte ihn noch schlagen? Aber dann kam der Russe Andrej Chemerkin, der im Reißen 197,5 vorgelegt hatte und nun in seinem letzten Versuch im Stoßen 260 kg auflegen ließ. Das Unmögliche geschah: Chemerkin entriß mit einer erneuten Verbesserung des Weltrekords um 5 kg dem wie vom Donner gerührten Deutschen das schon sicher geglaubte Gold.
In Wellers Gesicht spiegelte sich die Enttäuschung eines Athleten, der über die Grenze seiner Leistungsfähigkeit hinaus gegangen war und trotzdem knapp verloren hatte; aber auch der Schmerz, möglicherweise betrogen worden zu sein. Nachdem der erste Schock überwunden war, kam Weller zum Kern der Sache. Er zog sein Doping-Kontrollbuch aus der Tasche und zeigte den Journalisten, wie häufig er kontrolliert worden war: »Rund zwölf, dreizehnmal allein vor den Spielen«. Manfred Nerlinger, der mit 36 Jahren seine vierte Olympische Medaille anstrebte und zum Ende seiner Karriere Sechster wurde, konnte es sich leisten, deutlicher zu werden: »Da verliert man ja die Lust. Die anderen Nationen betrügen, ich selbst werde seit Jahren beschissen«. Weller sekundierte: »Insider wissen genau, was los ist«. Nicht nur Weller war aufgefallen, daß der Wunderstemmer Chemerkin in drei Jahren vierzig Kilo Gewicht zugelegt hatte. Kein Beweis, aber doch immerhin eine bemerkenswerte körperliche Veränderung. Nerlinger, einmal in Fahrt gekommen, legte in Sachen Doping noch eine Schüppe drauf: »Wenn ich den Olympiasieger Taimasow aus der Ukraine sehe, der sieht doch aus wie ein Menschenfresser«.
Die Gerüchte um die Einnahme unerlaubter Mittel nährte auch der Doppel-Olympiasieger von 1988 und 1992, Alexander Kurlowitsch aus Weißrußland. Anfang 1995 wurde er des Dopings überführt, Funktionäre kauften ihn beim Heber-Weltverband IWF von der eigentlich fälligen lebenslangen Sperre frei. Hier in Atlanta trat er wieder an, wahrscheinlich »sauber«, da nur noch ein Schatten seiner selbst. Kurlowitsch schaffte es noch auf Platz fünf. Nerlinger kommentierte: »Da sieht man, was ohne Doping übrigbleibt. All das zeigt, daß bei den Russen etwas faul ist«.
Am Ende fügte sich Weller in die Niederlage und tröstete sich damit, daß er nach Bronze 1988 in Seoul und Gold 1992 in Barcelona, wo er in der Klasse bis 108 kg angetreten war, nunmehr den olympischen Medaillensatz komplett hat. Und der 138-Kilo-Mann begann, die Fehler auch bei sich selbst zu suchen: Wenn er im Reißen 205 kg hochgebracht hätte, wofür er das Potential habe, »hätte es auch gereicht«.
Ein weiteres Higlight aus deutscher Sicht setzte der 26jährige Dresdener Marc Huster, der die Silbermedaille im Leichtschwergewicht gewann. Dabei stellte er mit 213,5 kg einen Weltrekord im Stoßen auf. Besiegt wurde er nur von dem Griechen Pyrros Dimas, dessen Vorsprung nach der ersten Disziplin, dem Reißen, mit 180 kg (Huster – 170 kg), uneinholbar geworden war. Dimas stellte mit 392,5 kg

Ronny Weller läßt sich nach seinem letzten Versuch im Reißen, bei dem er 255 kg auflegen ließ, siegesgewiß auf den Rücken fallen und jubelte – leider zu früh.

Den Blick in Richtung Betreuerstab gerichtet, bringt Pyrros Dimas 213 kg zur Strecke.

Ronny Weller konzentriert sich ein letztes Mal, bevor er das Gewicht in die Höhe stemmt.

Der Blick von Marc Huster zeigt an, wohin die Hantel soll.

Souvenir für die Zuschauer: Ronny Weller wirft seine Schuhe ins Publikum.

Geschafft: Marc Huster feiert sich selbst und den Gewinn der Silbermedaille.

Die geballten Fäuste signalisieren die Zufriedenheit mit dem Abschneiden – Oliver Caruso.

(180,0/213,0) einen neuen Weltrkord im Zweikampf auf. Daß auch Hanteln »goldenen Boden« haben können, bewies Dimas darüber hinaus auch noch, denn die griechische Regierung vergoldete seinen Olympiasieg mit einer Million Dollar. Huster jedenfalls, der, vom Weltrekordgewicht befreit, einen wunderschön eingedrehten Freudensprung machte, war nach dem Gewinn der Silbermedaille nicht mehr zu halten und bedankte sich reihum: »Bei den Sponsoren, bei der Bundeswehr – und bei den Steuerzahlern«. Jetzt will Huster aus dem Schatten der »beiden Dicken« – gemeint waren Nerlinger und Weller – treten und seinen Erfolg vermarkten. Im Mittelschwergewicht gewann der 22 Jahre alte Obrigheimer Oliver Caruso mit 390 kg (175,0/215,0) Bronze. Über ihn und seinen unerschütterlichen Siegeswillen sagte Cheftrainer Mantek später: »Nur bei Olympia werden Helden geboren«. Seinen entscheidenden Versuch im Stoßen über 215 kg schilderte der Athlet selbst so: »Ich mußte nach dem Umsetzen auch noch einen Schritt zur Seite machen. Das mach' erst mal mit 215 kg vor der Brust. Dann habe ich mir gedacht: Jetzt oder nie, Bronze oder auf der Bühne sterben«. Olympische Geschichte schrieb der türkische Federgewichtler Naim Süleymanoglu, der als erster Gewichtheber dreimal hintereinander die Goldmedaille gewann. Auf die Frage der Journalisten, ob er in seiner Sportart der größte Sportler aller Zeiten sei, antwortet er zweideutig: »Urteilen Sie selbst«. In der Türkei ist der Champion, dessen Familie zur türkischen Minderheit in Bulgarien gehört und der dort seinen türkischen Namen ablegen mußte, ein Star. Erst 1988 hatte ihn die Türkei für eine Million Dollar von Bulgarien freigekauft. Bei den nächsten Olympischen Spielen in Sydney will Süleymanoglu noch einmal teilnehmen – als Trainer.

Naim Süleymanoglu schrieb mit seinem Sieg im Federgewicht, dem dritten Gold bei Olympischen Spielen, Sportgeschichte.

Zu schwer – Stefan Botev (AUS), scheitert bei diesem Versuch. Am Ende reichte es aber zu Bronze.

Bevor ihn das Gewicht treffen kann, macht Manfred Nerlinger einen schnellen Ausfallschritt.

Kampfrichter erfüllen den Traum von Udo Quellmalz

Selbstbewußt, athletisch und erfolgreich präsentierten sich die deutschen Judoka beim olympischen Turnier im World Congress Center von Atlanta: Einmal Gold und viermal Bronze bedeuteten Platz fünf in der Medaillenbilanz hinter den Mattenkämpfern aus Japan, die acht Medaillen, darunter dreimal Gold, einheimsen konnten, sowie Frankreich (je dreimal Gold und Bronze), Südkorea (je zweimal Gold und Bronze, viermal Silber) und den Kubanern (je einmal Gold und Silber und viermal Bronze).

Damit rehabilitierten sich die Kämpfer des Deutschen Judo-Bundes zugleich eindrucksvoll für die Schlappe von Barcelona 1992, als es für die erstmals gesamtdeutsch auftretende Mannschaft nur zu zwei Bronzemedaillen gereicht hatte.

Den großen Traum seines Sportlerlebens erfüllte sich bei seinem dritten Olympiastart der gebürtige Leipziger Udo Quellmalz: Im Halbleichtgewicht, der Klasse bis 65 kg, gewann er im Finale gegen den leicht favorisierten Japaner Yukimasa Nakamura durch Kampfrichterentscheid. Im Verlauf des fünfminütigen Finalkampfes war der an einem Gymnasium in Ingolstadt tätige Diplomsportlehrer der aktivere Kämpfer und wurde dafür letztlich belohnt: Zwei Juroren hoben die rote Fahne und damit die Gürtelfarbe des 29jährigen Quellmalz, einer entschied sich für den Japaner.

Damit gewann Quellmalz als dritter deutscher Judoka nach dem Berliner Dietmar Lorenz (1980) und dem Wolfsburger Frank Wieneke (1984) eine olympische Goldmedaille.

Souverän hatte sich der Weltmeister von 1991 und 1995 durch das olympische Turnier gekämpft und alle Kämpfe vorzeitig gewonnen. Nur im Finale war Quellmalz auf das Wohlwollen der drei Wertungsrichter angewiesen, die bei ausgeglichenem Punktestand, allein auf ihr Gefühl vertrauend, den Sieger bestimmen.

Das erste Erfolgserlebnis hatte dem deutschen Judoteam in Atlanta gleich am ersten Wettkampftag die beiden Schwergewichtler Frank Möller und Johanna Hagn verschafft. Beide gewannen in der »Königsklasse« die Bronzemedaille. Johanna Hagn, die 23jährige Sportsoldatin aus Oberbayern, holte sich als erste deutsche Judokämpferin überhaupt olympisches Edelmetall. Nach ihrer einzigen Niederlage gegen die spätere Olympiasiegerin Sun Fuming (China) setzte sie sich im »kleinen Finale« um Platz drei mit einer mittleren Wertung (Yuko) gegen die Polin Beata Maksymowa durch.

In dieser Gewichtsklasse kam die Kubanerin Estela Rodriguez, wie schon 1992 Silbermedaillengewinnerin, nur mit Glück um die Aberkennung ihrer Medaille und eine Dopingsperre

Links: Dieser japanische Judofan war mit den Leistungen seiner Landsleute auf der Matte nicht einverstanden

herum: Das IOC belegte sie für die Einnahme eines verbotenen Medikaments lediglich mit einer Verwarnung, weil sie von ihrem Teamarzt nicht über die Einnahme des unerlaubten Mittels unterrichtet worden war.

Anders als Johanna Hagn, die nach dem Ende des Kampfes um Platz drei überglücklich auf der Matte herumtanzte, haderte ihr Teamkollege Frank Möller mit dem Schicksal: Eine Niederlage mit 1:2 Kampfrichterstimmen gegen den späteren Silbermedaillengewinner Ernesto Perez (ESP) hatte ihm bereits im zweiten Kampf des Turniers die Chance auf eine Goldmedaille genommen. Im olympischen Judo-Turnier gilt nach der Auslosung ein K.o.-System. Wer gegen einen der Gruppenfinalisten verliert, hat noch die Chance, sich in der Hoffnungsrunde – gleichfalls im K.o.-System ausgetragen – in ein sog. kleines Finale um die Bronzemedaille durchzukämpfen. Über die verpaßte Gold-Chance konnten Möller auch die folgenden Siege, die er alle vorzeitig mit einem ganzen Punkt (Ippon) gewann, nicht ganz hinwegtrösten. Im Kampf um Bronze warf Möller den Japaner Naoya Ogawa, der immerhin schon viermal Weltmeister war, bereits nach 2:29 Minuten auf das Matten-Viereck.

Anschließend bescheinigte der deutsche Bundestrainer Dietmar Hötger seinem Kämpfer überschwenglich, der »wohl beste Olympia-Dritte, den es je gab« gewesen zu sein.

Ein noch größerer Pechvogel als der gescheiterte Goldaspirant Möller war der Titelverteidiger in dieser Gewichtsklasse, der Georgier David Schaschaleswili: Er wurde disqualifiziert, weil er zu spät zum offiziellen Wiegen erschienen war. Diese Zeremonie fand – anders als in der Vergangenheit – nicht an der Wettkampfstätte sondern im Olympischen Dorf statt. Zwar gestan-

Bei Mari Claire Restou (FRA) entläc sich die Spa nung nac dem Finalsie im Halbleich gewicht (b 52 kg) gege die Südkorea nerin Soo Hee Hyum i einem Schre

Sun Kye aus Nordkorea zeigt nach ihrem Olympiasieg (bis 48 kg) Flagge.

den die Funktionäre der Internationalen Judo-Federation dem Georgier noch eine zehnminütige Verlängerung zu, doch der Bus von der Halle zurück ins olympische Dorf geriet in eine Sicherheitskontrolle. 23 Minuten dauerte der Busstopp, um 8.14 Uhr stand Schaschaleswili vor der Waage – zu spät, wie die Offiziellen meinten.

Für die dritte deutsche Bronzemedaille sorgte im Mittelgewicht bis 86 kg der 25jährige Marko Spittka (Frankfurt/Oder). Im Kampf um Platz drei bezwang er den Japaner Hidehiko Yoshida durch 2:1 Kampfrichterentscheid. Zuvor hatte Spittka ein mögliches Duell um Gold durch die Niederlage gegen den Südkoreaner Jeon Ki-Young verpaßt. Er unterlag dem späteren Olympiasieger nach 3:55 Minuten durch einen Hüftwurf. Spittka war 1990 bei den Junioren schon Weltmeister gewesen, hatte anschließend jedoch an seine guten Leistungen nicht mehr anknüpfen können.

Als erfolgreicher »Hungerkünstler« erwies sich einmal mehr der fünfte deutsche Medaillengewinner: Im Superleichtgewicht, der Klasse bis 60 kg, gewann der Münchener Richard Trautmann das »kleine Finale« um Platz drei gegen den Russen Nikolai Ojegin nach 2:14 Minuten mit einer Festhaltetechnik. Trautmann wiederholte damit seinen Erfolg von Barcelona 1992. »Das Hungern hat sich wieder einmal gelohnt«, zog der 1,68 m kleine Kämpfer, der vor Turnieren stets mindesten 7 kg »abspecken« muß, am Ende ein positives Fazit.

Wie bei fast allen Spielen gab es bei den Judoka wieder ein Novum: Im Superleichtgewicht der Frauen, wo die Teilnehmerinnen maximal 48 kg wiegen dürfen, war die erst 16 Jahre alte und 1,57 m große Sun Kye aus Nordkorea die bisher jüngste Siegerin in einem olympischen Judoturnier.

Rechts: Frank Möller hat soeben seinen Kampf gegen Naoya Ogawe gewonnen. Am Ende sicherte sich der Berliner Bronze.

Olympiasieger Jeon Ki-Young war zu stark für Marko Spittka (r.).

Richard Trautmann, Dritter im Superleichtgewicht (bis 60 kg), in Aktion

In der Pose des Siegers: Udo Quellmalz aus Ingolstadt bei der Siegerehrung in der Halbleichtgewichtsklasse (bis 65 kg)

Sun Kye (l.) zwingt die Japanerin Ryoko Tamura im Finale auf die Matte.

David Douillet (FRA) hebt nach dem Finalsieg im Schwergewicht ab.

Links: Szene aus dem Kampf Alice Dubois (FRA) gegen Aneta Szczepanska (POL) im Mittelgewicht (bis 66 kg)

»Es ist, als wenn du gegen King Kong ringst«

Alexander Karelin blieb auch in Atlanta das Maß aller Ringer: Das 28 Jahre alte Kraftpaket aus Nowosibirsk, einer Industriestadt 2500 km von Moskau entfernt, gewann nach Seoul 1988 und Barcelona 1992 in der Halle G des Georgia World Congress Center seine dritte Goldmedaille im Superschwergewicht, der Klasse bis 130 kg.

Die minutenlange Anfeuerung aus 8000 Kehlen für seinen amerikanischen Gegner Matt Ghaffari nützte nichts: Mit 1:0 in der Verlängerung setzte sich Karelin – privat ein Schöngeist und Liebhaber klassischer Musik – im Finalkampf gegen den im Iran geborenen Ghaffari durch.

»Es ist, als wenn du gegen King Kong ringst«, beschrieb Ghaffari anschließend seine Gefühle während des Kampfes. »Hundertmal« hatte er von diesem Kampf geträumt, erzählte er später, und auch hundertmal gewonnen – aber eben nur im Traum. In der Realität war »Alexander der Große« seinem Rivalen jederzeit überlegen, obwohl er noch an den Folgen einer Schulteroperation litt, der er sich wenige Monate vor den Spielen unterziehen mußte.

Alexander Karelins eindrucksvolle Erfolgsserie blieb also auch in Atlanta unangetastet: 1987 verlor er zuletzt einen Kampf, 1991 gab er zuletzt einen Punkt ab. Schon vor Atlanta war er sechsmal Weltmeister und mit seinem dritten Olympiasieg in Folge stieg er zum erfolgreichsten Ringer aller Zeiten in seiner Gewichtsklasse auf. Hochdotierte Hollywood-Verträge lehnte er bislang ebenso ab wie eine Offerte des Football-Teams Dallas Cowboys. »Ich bin Russe«, sagte Karelin, und das genügte als Begründung.

Für die deutschen Ringer, die besonders im griechisch-römischen Stil mit großen Erwartungen ins Turnier gegangen waren, erfüllten sich lediglich zwei Medaillenträume. Der Aalener Thomas Zander hatte im Mittelgewicht (bis 82 kg) die Chance, um Gold zu kämpfen. Zum sechsten Mal stand der 28jährige Polizeibeamte in einem internationalen Finale, und erstmals mußte der viermalige Europameister und Weltmeister von 1994 die Matte als Verlierer verlassen. Eine Unachtsamkeit brachte Zander bereits in der Anfangsphase um das erhoffte Gold, als der Türke Hamza Yerlikaya die erste Wertung setzte: Unvermittelt hing Zander bäuchlings in der Luft, als ihn Yerlikaya mit einem Griff packte, der im Ringerjargon als verschränkter Ausheber bezeichnet wird. Am Ende hieß es 0:3 gegen Zander, der im Finale noch durch eine schwere Verletzung gehandikapt war. In seinem zweiten Kampf hatte ihm der Russe Sergei Tschwir den Arm ausgerenkt und war daraufhin disqualifiziert worden.

Die zweite große deutsche Goldhoffnung, Maik Bullmann (Frankfurt/Oder),

der Olympiasieger im Halbschwergewicht (bis 90 kg) von 1992, schaffte es diesmal nicht bis in den Endkampf. In der dritten Runde verlor er gegen den Ukrainer Wjatscheslaw Oleynik, den späteren Goldmedaillengewinner. In der Trostrunde kämpfte er sich in das »kleine Finale« um Platz drei durch. Hier gewann »Bulle« Bullmann mit 2:0 gegen den Weißrussen Alexander Sidorenko und sicherte sich die Bronzemedaille. Nach dem Erfolg des 29jährigen Ausnahmeathleten mit dem Borstenhaarschnitt floß in der Heimatstadt, wo Bullmann eine Kneipe betreibt, das Bier in Strömen; zumal es zum Zeitpunkt des Kampfes gerade Mitternacht war.

Zwei Gewichtsklassen tiefer, im Weltergewicht (bis 74 kg), scheiterte der gleichfalls aus Frankfurt/oder stammende Eric Hahn beim Griff nach Bronze: Gegen den Polen Josef Tracz verlor er mit 2:4. Ähnlich wie Thomas Zander mußte auch Hahn eine schwere Verletzung verkraften. Im Zweitrundenkampf gegen den Ukrainer Artur Dsihasow zog er sich bereits nach einer Minute einen Rippenbruch zu, kämpfte trotz starker Schmerzen weiter und unterlag unglücklich mit 1:2. Bereits eine halbe Stunde später mußte Hahn zum ersten Kampf in der Hoffnungsrunde antreten und gewann.

Von einem – eigentlich erwarteten – Dopingfall blieben die Ringer auch nicht verschont: Dem Russen Zafer Gulijew, Bronzemedaillengewinner im Halbfliegengewicht bis 48 kg gegen den Nordkoreaner Yong Kang, wurde die Medaille wegen der Einnahme des Mittels Bromantan nachträglich aberkannt. Wenige Tage später revidierte die Adhoc-Kammer des Internationalen Sport-Gerichtshofs (CAS) nach einem Einspruch des Nationalen Olympischen Komitees von Rußland diese

Matt Ghaffari (unten) fand im Kampf gegen Alexander Karelin nicht das richtige Rezept, um den Russen auf die Schulter zu zwingen.

Links: Thomas Zander hält sich die rechte Schulter, die ihm von Sergei Tschir ausgerenkt wurde.

Weinend gedenkt Kurt Angle seines im Januar ermordeten Ringerkollegen.

Der Pole Andrei Wronski drückt seine Freude mit einem Salto aus.

Eldari Kurtanidze (GEO, l.) hat J. Loyna (SVK) nicht nur hier fest im Griff.

Szene aus dem Finale zwischen Armen Mkrchyan (ARM) und Il Kim (PRK)

Entscheidung mit der vordergründigen Begründung, es gebe keine ausreichenden wissenschaftlichen Erkenntnisse, um »Bromatan als Stimulanz einzuordnen«. Die Auffassung der CAS steht in klarem Widerspruch zu der des IOC-Exekutivkomitees, das die im russischen Hochleistunssport weit verbreitete Droge am 5. Juni auf die Liste der verbotenene Substanzen gesetzt hatte. Im freien Stil, wo im Unterschied zum griechisch-römischen Stil auch Griffe unterhalb der Gürtellinie sowie Angriffe an und mit den Beinen erlaubt sind, sorgte der Schifferstädter Schwergewichtler Arawat Sabejew für das erste und einzige deutsche Erfolgserlebnis. Trotz einer schweren Kreuzband- und Meniskusverletzung im rechten Knie, die er sich in seinem ersten Kampf zugezogen hatte, kämpfte sich der gebürtige Kasache in das »kleine Finale« durch und errang durch einen 7:4-Sieg über den Weißrussen Sergei Kowalewski die Bronzemedaille.

Die übrigen deutschen Freistilringer verpaßten die erhofften Medaillen. Der deutsche Meister Sven Thiele (AC Goldbach) konnte nicht das Erbe eines Wilfried Dietrich, Olympiasieger von 1960, antreten. Thiele scheiterte im Halbfinale des Superschwergewichts (bis 130

Kendall Cross (USA) dominierte im Freistilringen bis 57 kg klar.

Mahmut Demir (TUR) liebkost den Ort seines größten sportlichen Triumphs.

Yurij Melnichenko (KAZ, rotes Trikot) wird von Dennis Hall (USA) ausgehoben.

Trotz einer Knieverletzung obenauf – der SchifferstädterArawat Sabajew

kg) durch Kampfrichterentscheid an dem Weißrussen Alexei Medwedew und landete am Ende auf Platz sechs.

In der Klasse bis 74 kg (Weltergewicht) erkämpfte sich Alexander Leipold (Goldbach) über die Hoffnungsrunde die Chance auf den fünften Rang, wo er sich kampflos gegen Kenneth Monday (USA) durchsetzte.

Die wohl bewegenste Szene dieses Turniers erlebten die Zuschauer im Freistil-Schwergewichtsfinale: Kurt Angle (USA) brach am Mattenrand weinend zusammen, nachdem er von den Wertungsrichtern in der zweiminütigen Verlängerung beim Stand von 1:1 zum Sieger erklärt wurde. Er trauerte um David Shultz, den Weltergewichts-Olympiasieger von 1984, der im Januar 1996 von dem psychisch gestörten Millionenerben und Ringer-Sponsor John Du Pont erschossen worden war.

Fairplay-Verfall: Kämpfen bis die Knochen krachen

Lädiert und verletzt, aber nicht geschlagen errangen sie die Medaillen. Unter schweren Schmerzen einer Ellbogen- und Schulterverletzung, ausgelöst durch eine brutale und verbotene Attacke seines russischen Gegners Sergej Tschwir in einem der ersten Ringkämpfe des Turnier, biß sich Thomas Zander bis ins Finale durch. Dort griff sein türkischer Gegner Hamza Yerlikaya erstmal an den verletzten Arm. Der Aalener Zander gab sich mit Silber zufrieden. Der Schifferstädter Arawat Sabejew erlitt im Kampf gegen den Russen Sergei Kowalewski einen Kreuzbandriß, Innenbandanriß und einen Meniskusschaden. Der Gegner hatte ihm das rechte Knie verdreht, und Sabajew wollte auf keinen Fall nachgeben. Statt eines Punkts erhielt der ehemalige UdSSR-Ringer mit deutschem Paß ein zertrümmertes Knie, machte weiter und gewann schließlich humpelnd Bronze. In den Kampfsportarten in Atlanta wurde besonders deutlich: Fairplay droht im kommerzialisierten Sport auf der Strecke zu bleiben. Ringer, Judoka und Amateur-Boxer kämpfen um ihren Stellenwert und schielen auf lukrative Verträge von Sponsoren und aus dem Profi-Lager. In den Sportarten, in denen eine hohe Aggressivität ein Erfolgsfaktor ist, tritt der Verfall der Sitten besonders deutlich zu Tage. Daß der Gegner bei allen Kampfsportarten eigentlich auch ein Partner ist, ohne den der sportliche Vergleich nicht möglich ist, ruckt immer mehr in den Hintergrund. Die kampfstarken Deutschen hielten dem rauher gewordenen Wettbewerb stand: Drei Medaillen für die Ringer, fünf für die Judo-Kämpfer um Olympiasieger Udo Quellmalz, vier Medaillen für die Boxer und drei Gewichtheber-Medaillen rundeten ein gutes Ergebnis der deutschen Kraft- und Kampfsportler ab.

Hans Schwarz

Elektronische Punktezähler beim ersten Einsatz umstritten

Boximpressionen aus dem Alexander Coliseum Memorial

Beim Olympischen Boxturnier im Alexander Coliseum Memorial, das wie erwartet von den Faustkämpfern aus Kuba dominiert wurde, zog sich die deutsche Boxstaffel prächtig aus der Affäre. Insgesamt behauptete der deutsche Amateur-Boxsport seine Position in Tuchfühlung zur Weltspitze. Zwar mußte die achtköpfige Staffel des Deutschen Amateur Box-Verbandes (DABV) erstmals seit 1984 ohne Gold im Gepäck die Heimreise antreten, dafür kämpften sich sieben Boxer ins Viertelfinale. An der Schwelle zu den Medaillenrängen war der DABV die erfolgreichste Boxnation.

Vier kamen durch: »Einmal Silber, dreimal Bronze und weitere drei Viertelfinalisten sind angesichts der schwierigen Auslosung eine gute Ausbeute«, zog Bundestrainer Helmut Ranze einen Schlußstrich. Erfolgreichster deutscher Boxer war der 26jährige Halbweltergewichtler Oktay Urkal, der sich erst im Finale dem überragenden Kubaner Hector Vinent mit 13:20 Punkten geschlagen geben mußte. Vor dem Kampf hatte der »Ali aus Kreuzberg« noch getönt: »Es geht nicht um eine WM oder EM, es geht um Olympia, um Leben und Tod«. Nach dem Gewinn der Silbermedaille gegen den bisher stärksten Gegner seiner Karriere lag dem »Familienmenschen« in erster Linie daran, die Lieben zuhause zu beruhigen: »Es war ja gar kein richtiger Schlag, es war nur ein Wischer, der mich kaum getroffen hat«, kommentierte er die Szene, in der er zu Boden gegangen war. Vermutlich war dieses Finale Oktays letztes Duell als Amateur. Auf das Aushängeschild des deutschen Amateurboxsports wartet ein Profivertrag.

Bronze erkämpften sich außerdem Weltmeister Zoltan Lunka im Fliegengewicht und der Halbschwergwichtler Thomas Ulrich aus Berlin. Die deutsche Schwergewichtshoffnung Luan Krasniqi aus Rottweil wäre im Halbfinale auf den vermutlich übermächtigen Rekordweltmeister Felix Savon (CUB) getroffen, wenn ihn nicht eine Kapselverletzung an der rechten Schlaghand und eine Rißverletzung am Auge gestoppt hätte. Die Ärzte erteilten dem Europameister Startverbot und Krasniqi tröstete sich mit der Bronzemedaille. Im Schwergewichtsfinale degradierte Savon den Kanadier David Defiagbon mit 20:2 Punkten zum Sparringspartner und wiederholte wie sein Landsmann Ariel Hernandez im Mittelgewicht den Gold-Erfolg von Barcelona.

Wenn Savon, den amerikanische Box-Promoter seit Jahren vergeblich für eine Profi-Box-Karriere in den USA zu gewinnen suchen, auch noch in Sydney gewänne, würde er als dreifacher Olympiasieger zu dem Ungarn Lázló Papp (1948-56) und seinem berühmten Landsmann Teofilo Stevenson (1972-80) aufschließen.

Die Kubaner waren mit dem Gewinn von vier Goldmedaillen im Land des »Erzfeindes« die erfolgreichste Nation. Allerdings konnten auch sie das Ergebnis von Barcelona, wo sie noch in sieben Gewichtsklassen ganz oben auf dem Treppchen standen, nicht wiederholen. Hinter Kuba verteilten sich die Goldmedaillen auf acht verschiedene Länder.

Unübersehbar war, daß die Afrikaner, vor allem die nordafrikanischen Staaten, im internationalen Amateurboxsport aufgeholt haben. Dafür steht beispielsweise die Goldmedaille im Leichtgewicht für den Algerier Hocine Soltani und die Bronzemedaille von Fathi Missaoui aus Tunesien im Halbweltergewicht.

Die einstige Box-Großmacht USA gewann nur eine einzige Goldmedaille

Ringpause: Der Kubaner Ariel Hernandez wird in seiner Ecke frisch gemacht. Szene aus dem Kampf gegen M. Beyleroglu (TUR)

Rechts: Unterlag im Halbfinale gegen Seung-Bae Lee (KOR) – Thomas Ulrich (l.)

Unten: David Defiagbon (l.) mußte gegen Felix Savon schwere Treffer einstecken.

– noch dazu umstritten. Im Halbmittelgewichts-Kampf von David Reid (USA) gegen Alfredo Dovergel (CUB) schlug der Amerikaner, nach Punkten aussichtslos zurückliegend, den Kubaner nieder. Obwohl Dovergel wieder auf die Beine kam und kampfbereit war, erklärte der Kampfrichter Reid zur allgemeinen Verwunderung der Experten am Ring zum Sieger.

Überhaupt konnte man gelegentlich den Eindruck gewinnen, daß die Kubaner es bei den Punkt- und Schiedsrichtern besonders schwer hatten. Oder lag es daran, daß die Unparteiischen sich mit den neu eingesetzten Zählmaschinen schwer taten, mit denen sie ihre Wertungen in einen Computer eingeben mußten? Der elektronische Rechner reagierte nur dann, wenn mindestens drei Punktrichter innerhalb einer Sekunde ein gleichlautendes Signal übermittelten. Wurde diese sehr kurze Reaktionszeit überschritten, was nicht selten geschah, kamen selbst klare Treffer nicht mehr in die Wertung.
Vor allem die Amerikaner stilisierten Boxkämpfe mit Kubanern zu politischen Ersatzduellen hoch. Insofern mußte es besonders weh tun, immer wieder den kürzeren zu ziehen.
Eine der immer seltener werdenen olympischen Kuriositäten war der Gipfelsturm des Superschwergewichtlers Paea Wolfgram, der als Teil eines fünfköpfigen Aufgebots aus dem Südsee-Inselreich Tonga den Weg nach Atlanta gefunden hatte. Erst im Finale gegen den Ukrainer Wladimir Klitschko war Endstation für den 140 Kilogramm schweren Fighter. Der ehemalige Rugbyspieler, der in Neuseeland trainiert und als Beruf Hausmann angab, nutzte den »Exoten-Bonus« und stieg durch sein couragiertes Auftreten zum Publikumsliebling auf.

Oben: Bronzemedaillengewinneri Luan Krasniqi (GER)

Rechts: S. Kamsink widmete seinen Sieg dem thailändische König Bhumibol.

Bild Mitte: Zum Zeichen des Sieges hebt der Ringrichter den Arm von Oktay Urkal.

Links: Holte Gold für Algerien - Hocine Soltani (r.) gegen Tontcho Tontchev

Oktay Urkal (GER) wird vom Ringrichter angezählt.

Links: Rettete die Ehre der amerikanischen Boxer – David Reid

RODZEWICZ
POL

SOUDET
SOUDET

Deutsche Fechter stießen mit nur einer Bronze-Medaille ins Leere

Schreit ihre Freude nach dem Sieg im Degen-Finale heraus: Laura Flessel aus Frankreich

Vorhergehende Seite: Packende Szene zwischen Jaroslaw Rodzewicz (POL) und Vladislav Pavlovich (RUS) aus dem Finalkampf im Mannschafts-Florett.

Rechts: Am Ziel ihrer sportlichen Träume – die Degen-Mannschaften von Italien, Frankreich und Rußland bei der Siegerehrung.

Viele hatten Edelmetall im Kopf, aber Blei in den Armen: Eine herbe Schlappe mußten die Fechterinnen und Fechter aus der Bundesrepublik in Atlanta einstecken. Die erfolgsverwöhnten »Musketiere« um Cheftrainer und »Goldschmied« Emil Beck aus Tauberbischofsheim schafften in neun von zehn Entscheidungen nicht den Sprung aufs Treppchen. Lediglich die Florett-Damen schönten das unerwartete Ergebnis mit dem Gewinn der Bronze-Medaille.

Dabei waren die Hoffungen so groß gewesen. »Mit vier Medaillen wäre ich zufrieden, fünf wären großartig«, hatte Emil Beck noch vor den Kämpfen in die Blöcke der Korrespondenten diktiert. Auch der 39jährige »Oldie« Elmar Borrmann, der bereits zum vierten Mal an Olympischen Spielen teilnahm, gab sich zuversichtlich: »Ich rechne mir gute Chancen aus«.

Keine Chance hatte Borrmann bei einem Gefecht ganz anderer Art, das bereits vor den Wettkämpfen ausgetragen wurde. Borrmann wäre gerne Fahnenträger der deutschen Mannschaft beim Einzug des deutschen Teams ins Olympiastadion gewesen. Das Nationale Olympische Komitee für Deutschland (NOK) hatte jedoch seinem Teamkollegen Arnd Schmitt den Vorzug gegeben, sehr zum Ärger von Borrmann, der daraufhin einen Streit vom Zaun brach: »Leute, die bessere Beziehungen haben und in Beiräten sitzen, werden bei uns offenbar vorgezogen«, gab er sich auf einer Pressekonferenz im Deutschen Haus beleidigt und enttäuscht. Ulrich Feldhoff, Chef de Mission der deutschen Mannschaft, erläuterte die Entscheidung der Offiziellen: »Das Präsidium hat mit seiner Wahl das ehrenamtliche Engagement von Arnd Schmitt gewürdigt.« Zumindest Unruhe brachte der Streit um den Fahnenträger in die Mannschaft. Das sollte kein gutes Omen sein. Schon zum Auftakt scheiterten die hochgelobten deutschen Degen-Asse. Bereits im Achtelfinale kam das Aus für Borrmann und den mehrmaligen Olympiasieger und Mit-Favoriten Arnd Schmitt. Borrmann verlor sein Gefecht gegen den Ungarn Geza Imre mit 14:15 denkbar knapp, während Schmitt gegen den späteren Silbergewinner Ivan Perez Trevejo klar mit 8:15 das Nachsehen hatte. Allerdings zog sich Schmitt bei einem Sturz während des Gefechts eine schwere Prellung an der Hüfte und dem Oberschenkel zu. Nach zehnminütiger Behandlung konnte er das Gefecht wieder aufnehmen, ohne den hohen Rückstand noch wettmachen zu können.

Nicht die Strapazen der Eröffnungsfeier hätten ihn belastet, erklärte Schmitt, vielmehr sei er mit der Wurfstoßtechnik des flinken Kubaners nicht zurecht gekommen. »Alles kann man im Leben nicht haben«, kommentierte Cheftrainer Emil Beck süffisant.

Der dritte deutsche Degenfechter Mariusz Strzalka kämpfte sich hingegen überraschend bis ins Viertelfinale vor. Dann war aber auch für ihn Endstation. In der Runde der letzten acht hatte er gegen Ivan Kovacs mit 13:15 das Nachsehen. Am Rande der Planche kam es dabei fast zum Eklat. In der Endphase des Kampfes gab der Kampfrichter einen Treffer des Ungarn, obwohl dessen Degenspitze defekt zu sein schien. Bundestrainer Alexander Pusch erregte sich am Richter-Tisch und war kaum zu beruhigen: »Eine Unverschämtheit«, brüllte er und beschimpfte das Direktorium, das den Treffer nicht annullieren wollte, als Dilettanten.

»Das war schon enttäuschend«, kommentierte Emil Beck an seinem 61. Geburtstag die Auftaktschlappe. Und es sollte so bleiben. Und als weder die erstmals bei Olympia startenden Degenfechterinnen (Rang sieben, neun und zwölf) noch die Säbelfechter sich in Medaillenrängen plazieren konnten, zeichnete sich das Debakel für die hochgewetteten Akteure ab.

Laura Badea (ROM) nimmt Gold im Florett-Einzel unter Tränen entgegen.

Die Italienerin Bortolozzi-Borella läßt sich von Team und Trainer feiern.

Alessandro Puccini kann es nicht fassen – Gold im Florett-Einzelwettbewerb

Die Säbelfechter aus Rußland waren die dominierenden Akteure im Einzel und in der Mannschaft.

Nun ruhten die Hoffnungen auf den Florett-Fechtern: Aber nur der Olympianeuling Wolfgang Wienand hielt sich bis zum Halbfinale im Turnier. Gegen den Franzosen Lionel Plumenail verkrampfte der 24jährige jedoch – zwei Punktabzüge wegen des Verdeckens der Trefferfläche zeugten von seiner Nervosität. Im Kampf um Platz drei war die Luft dann endgültig raus: So blieb nur Rang vier.

Die sieggewohnten Fechterinnen schieden allesamt in den Vorrunden aus. Monika Weber aus Bonn mußte auf die Zähne beißen, um den Wettkampf überhaupt zu Ende zu bringen. Als sie bereits 13:11 gegen Laurence Modaine-Cessac (FRA) führte, stürzte sie und knickte um. Bänderanriß, diagnostizierte der Arzt. Doppeltes Pech: Weber wurde wegen des Verlassens der Bahn mit einem Strafpunkt belegt, die Französin nutzte im weiteren Verlauf des Kampfs ihre Chance, traf zum 13:14. Noch einmal konnte die Olympia-Zweite von Los Angeles mit einer enormen Energieleistung ausgleichen, ehe Modaine blitzschnell doch den entscheidenden Treffer setzen konnte.
Auch Sabine Bau litt unter einer Verletzung, schied gegen Ann Marsh (USA) mit 8:15 aus. Tragisch wurde es auch für Anja Fichtel-Mauritz, die mehrmalige Olympiasiegerin, im Fight gegen Aida Mohamed. Gegen die ungarische Linkshänderin lag sie schon mit 9:12 und 10:14 zurück, ehe sie nach einer Klasseleistung noch ausgleichen konnte. Ihre ganze Erfahrung, ihr ganzes Können legte sie jetzt in das Duell. Den letzten Treffer setzte aber Aida, die Medaille für Anja Fichtel-Mauritz war verloren. Bittere Tränen vergoß die in Wien lebende Badenerin, die mit dem festen Vorsatz nach Atlanta gekommen war, Edelmetall zu holen. »Dies sind die schlimmsten Spiele, die ich jemals mitgemacht habe«, kommentierte jetzt auch Emil Beck die enttäuschenden Resultate seiner Athleten.

Die Florett-Damen mit Anja Fichtel-Mauritz, Monika Weber und Sabine Bau (v.l.) holten Bronze.

Nach dem unbefriedigenden Abschneiden blickt »Goldschmied« Emil Beck sorgenvoll in die Zukunft.

Unzufrieden zeigten sich viele Sportler abseits der Planche über das harte Regelwerk. Früher gab es noch Hoffungsrunden, ein Fehlstart konnte im zweiten Anlauf korrigiert werden, was in der Vergangenheit gerade von deutschen Fechtern häufig genutzt wurde. Im Zuge der Regelmodernisierung fiel die zweite Chance vor zwei Jahren weg. Seitdem qualifizieren sich nur noch die Sieger für die nächste Runde. Die Stirn in Falten, die Hände am Rücken verschränkt, schlenderte Emil Beck in Gedanken versunken an den vier Kampfbahnen vorbei. Nein, persönliche Konsequenzen wollte er aus dem miserablen Abschneiden nicht ziehen: »Ich sehe keinen Grund, jetzt zurückzutreten. Meine ganze Kraft und meinen Willen werde ich einsetzen, damit wir 1998 wieder ganz oben stehen«, sagte Beck, der das deutsche Fechten wie kein anderer geprägt hatte. Nach den Olympischen Spielen soll über neue Konzeptionen, Taktiken, Perspektiven und die Gründe für das schlechte Abschneiden diskutiert wer-

Bronze gesichert – Anja Fichtel-Moritz freut sich über die einzige Medaille.

Olympiasieger im Degen-Einzel: Alexander Beketow aus Rußland.

den. Ein Blick auf den Medaillenspiegel verdeutlicht den Handlungsbedarf: Bei den Olympischen Spielen in Seoul 1988 standen sieben Medaillen auf der Habenseite, vier Jahre später in Barcelona waren es immerhin noch vier.

Bei allem Frust blieb vor den abschließenden Mannschaftswettbewerben noch Hoffnung. Die Degen-Crew der Männer, Olympiasieger 1992, ging neben Ungarn und Rußland schließlich als Mit-Favorit an den Start. Einsatz, Kampf und Teamgeist – nach dem Eklat um den Fahnenträger der deutschen Mannschaft hatten sich die Kontrahenten wieder zusammengerauft – reichten aber diesmal nicht aus. Nach einer knappen Niederlage gegen Frankreich landete die Degenmannschaft der Männer nur auf dem undankbaren vierten Rang. »Mit der Holzmedaille kannst du überhaupt nichts anfangen. Der vierte Platz ist schlimmer als der fünfte oder sechste«, trauerte Bundestrainer Alexander Pusch. Gold sicherte sich Italien, vor Rußland und Frankreich, drei Nationen, die das Turnier über weite Strecken dominierten.

Letztlich endete das olympische Fecht-Turnier für das deutsche Team aber doch noch tröstlich – die Florett-Damen erkämpften sich Bronze. Nachdem sie im Halbfinale dem rumänischen Team um die Einzel-Olympiasiegerin Laura Badea unterlegen waren, behielten sie im Kampf um Platz drei gegen die Ungarn die Oberhand.

Im »kleinen Finale« setzten sie sich in einem unglaublich spannenden Wettkampf mit 45:42 durch. 20:15 hatten die deutschen Athletinnen bereits geführt, als die Ungarn den Spieß umdrehten und mit 26:25 in Führung gingen. 35:35 lautete der dramatische Zwischenstand, ehe Anja Fichtel-Mauritz in der entscheidenden Phase Treffer um Treffer setzte. Sie ballte die Faust nach dem Sieg, die Erleichterung war spürbar, aber Euphorie kam nach diesem Erfolg nicht auf – schließlich hatten die Damen das schlechteste Olympia-Ergebnis seit 1972 eingefahren. Über die Zukunft dachte zumindest Anja Fichtel-Mauritz bereits laut nach, die mit einem Nationalitäten-Wechsel liebäugelte: »Ich fühle mich in Wien sehr wohl. Ich habe darüber nachgedacht, ob ich die österreichische Staatsbürgerschaft annehmen soll«.

Arnd Schmitt (r.) hat soeben im Kampf um die Mannschafts-Bronzemedaille im Degenfechten gegen Robert Leroux verloren.

Medaillenträume zerplatzten wie Seifenblasen

In Atlanta ging eine Ära zu Ende. Es war die Erfolgsgeschichte der deutschen Fechter, die in der Hauptstadt des US-Bundesstaates Georgia vom ersten Wettkampftag bis zum Abschluß der ersten Olympia-Woche täglich mehr an Glanz verlor. Vor 20 Jahren, mit dem ersten Degen-Gold in Montreal 1976, hatte der rasante Aufstieg der Tauberbischofsheimer Medaillenschmiede begonnen. Der frühere Friseurmeister Emil Beck hatte fleißig, emsig und erfolgsbesessen ein Fecht-Imperium aufgebaut, das fortan bei den jährlichen Weltmeisterschaften und bei Olympischen Spielen zu den erfolgreichsten deutschen Medaillensammlern gehörte. Daß Beck um mehr Förderung stritt, immer mehr Finanzmittel forderte und schließlich einen eigenen luxuriösen Olympiastützpunkt hatte, machte viele deutsche Sportler und Verantwortliche aus anderen Sportarten neidisch und war oft Anlaß für Ärger. Als in Atlanta jeden Tag neue Medaillenhoffnungen wie Seifenblasen platzten, hatten im deutschen Team nur wenige Mitleid mit den Fechtern und ihrer großspurigen Fraktion von der Tauber. Als das Trauerspiel dramatisch wurde und nur die Florett-Damen einmal Bronze holten, machte sich sogar klammheimliche Freude breit. Hatten die Fechter nicht vor Olympia-Beginn von vier, sogar fünf Medaillen gesprochen? Gefochten hatten sie prächtig, aber nur intern wie Arnd Schmitt und Elmar Borrmann, die sich wahrhaftig um die Fahnenträger-Ehre bei der Eröffnungsfeier stritten. Auf den Planchen wirkte der einfache Tauber-Fechterstil plötzlich antiquiert, die Athleten überfordert. Einige Experten glauben, daß ein, zwei Medaillen bald zum deutschen Fechter-Standard werden könnten. Aber Emil Beck wird wieder ins Gefecht ziehen.

Hans Schwarz

DEUTSCHLAND

Klees und Schumann treffen für Deutschland ins Schwarze

Siegerehrung für Christian Klees, der das erste Gold für das deutsche Team holte.

Funktionäre und Sponsoren vor Ort atmeten auf, die Sportnation jubelte, als der Eutiner Christian Klees ein letztes Mal am Wolf Creek Shooting Centre abgedrückt hatte: Endlich das erste Gold für Deutschland, am sechsten Wettkampftag, in der 71. Entscheidung der Jahrhundertspiele.

Zur Überraschung aller schoß Klees im Finale des 60-Schuß-Liegendkampfs mit großer Präzision. Mit stoischer Ruhe konnte er sich immer wieder konzentrieren und nahm die Scheibe ins Visier. In den zehn Final-Schüssen verteidigte er seine glänzende Ausgangsposition aus dem Vorkampf. Vom Edelmetall abgesehen stellte der Mann mit der roten Stoppelfrisur mit 600 Ringen den Weltrekord ein und überbot mit 104,8 Ringen im Endkampf obendrein den fünf Jahre alten Weltrekord des Dänen Jens Harskov und - natürlich - auch den olympischen Rekord.

Ohrenbetäubender Jubel war auf der Schießanlage bereits nach dem Vorkampf ausgebrochen, als der 28jährige Besitzer einer Schießsportschule nach dem 60. Schuß souverän die Wertung anführte. Nur mit Mühe hatten die Kampfrichter die Fans beruhigen können. Ehefrau Dorit, Eltern, Schwester und Schwiegereltern von Christian Klees sprangen nach dem Siegschuß im Finale auf und umarmten sich. Sie hatten dem 28jährigen bereits bei der Europameisterschaft Glück gebracht. »Da haben wir gedacht, wir fahren auch mal zu Olympia«, freute sich Vater Klees, der um die intensive Vorbereitung seines Sohnes wußte. Um sich auf die heißen Tage in Georgia vorzubereiten, hatte Christian im kühlen deutschen Frühling die Bedingungen bei Olympia simuliert. Mit einem Heizstrahler in der heimischen Schießanlage in Schleswig-Holstein, ausgerüstet mit Handschuhen und dicker Kleidung absolvierte er das Training.

Dem Beispiel des Überraschungssiegers folgte nur vier Stunden später Ralf Schumann, der mit der olympischen Schnellfeuerpistole Gold holte. Anders als Klees war Schumann in seiner Spezialdisziplin als hoher Favorit in den Wettkampf gegangen. »Es müßte schon etwas Ungewöhnliches passieren«, hatte Bundestrainer Peter Kraneis nach dem hervorragenden Resultat aus dem Vorkampf Optimismus verbreitet.

Christian Klees, Kleinkaliber-Schütze aus Eutin, freut sich über seine unerwartete Goldmedaille

Der gebürtige Sachse Schumann ging mit dem erstklassigen Ergebnis von 596 Treffern und sechs Ringen Vorsprung ins Finale. Trotzdem bereitete sich der Routinier, der bereits 1992 in Barcelona ganz oben auf dem Treppchen gestanden hatte, penibel auf den Endkampf vor. Im klimatisierten Zelt übte er in Trockenübungen ein letztes Mal seine Schuß-Serie. Dann ging es raus auf die Anlage, nur noch wenige Minuten Zeit, ein letztes Mal das Ziel anvisiert, ehe er in vier Sekunden fünfmal den Abzug betätigte – mit Erfolg.

Die Offiziellen im deutschen Olympia-Team freuten sich ganz besonders über den Doppelerfolg der Schützen. »Das war kein Stein, das war ein Felsbrocken, der mir vom Herzen gefallen ist«, war Teamchef Ulrich Feldhoff nach dem ersten Gold für deutsche Athleten begeistert.

Haarscharf vorbei gezielt hatte Petra Horneber noch am ersten Tag der Spiele. Die 1,56 m kleine, zierliche Athletin aus dem fränkischen Kranzberg verpaßte nur um Millimeter die schon sicher geglaubte Goldmedaille. In der ersten olympischen Entscheidung zeigte Horneber beim letzten Schuß mit dem Luftgewehr Nerven, erzielte nur 8,8 Ringe und verspielte die Führung. Trotzdem freute sie sich: »Ich habe Silber gewonnen, nicht Gold verloren. Das ist doch wunderbar.«

Vor den Augen von IOC-Präsident Juan Antonio Samaranch und Organisationschef William Porter Payne holte sich die Deutsche das Edelmetall. Mit ihrem Auftritt wollten die Offiziellen »zwei Fliegen mit einer Klappe schlagen«. Einerseits wollte Samaranch es sich nicht nehmen lassen, die ersten Medaillengewinner persönlich zu ehren, andererseits sollte das Renomee der Randsportart Schießen verbessert werden, die wahrlich nicht zu den Publikumsmagneten zählt. In der Regel verfolgen nur Sportler, deren Anhang und wenige Experten die Wettkämpfe.

Besser als je zuvor war es den Organisatoren in Atlanta gelungen, die Spannung, die sich während eines Wettkampfs aufbaut, auszunutzen. Viel hatten sich die Amerikaner einfallen lassen, um den Sport mit der Waffe mediengerecht aufzubereiten. Eine verbesserte Technik sorgte für einen publi-

Kim Jo-Sun, Mitglied der südkoreanischen Goldmannschaft

kumswirksameren Ablauf, die elektronische Meßeinrichtung, erstmals bei Olympia eingesetzt, zeigte unmittelbar nach dem Schuß das Ergebnis an. Der Treffer wurde - für Zuschauer und Schützen - an einem Monitor angezeigt, die Trefferquoten ließen sich weitaus schneller als sonst errechnen.
Trotz einiger enttäuschender Ergebnisse gab es aus deutscher Sicht noch eine Überraschung. Bei der erstmals bei Olympischen Spielen ausgetragenen Doppeltrap-Konkurrenz konnte sich Susanne Kiermayer in der Weltspitze der Wurfscheiben-Spezialisten etablieren. Einen Tag nach ihrem 28. Geburtstag sicherte sie sich im Stechen die Silbermedaille gegen die Australierin Deserie Huddleston.

Das hat es noch nicht gegeben. Mit sicheren Schüssen erkämpften sich die deutschen Frauen die erste deutsche Olympia-Medaille im Bogenschießen. Das Trio Barbara Mensing, Cornelia Pfohl und Sandra Wagner lag im Finale zeitweise sogar in Führung, mußte sich aber am Ende doch dem haushohen Favoriten Südkorea mit 235:245 Ringen geschlagen geben. Cornelia Pfohl hatte die Chance auf Gold vertan, als sie beim 19. Schuß nur einen Ring traf.
Knapp an einer Medaille schrammte Barbara Mensing in der Einzelkonkurrenz vorbei. Die 35jährige, die im Achtelfinale überraschend die Weltmeisterin und Weltranglisten-Erste Natalja Walejewa ausgeschaltet hatte, wurde ein Opfer ihrer Nerven. Im achten von zwölf Schüssen sauste der Karbonfaserpfeil nach 70 m nicht in der Scheibe, sondern landete im Gras. Null Punkte. »Das passiert mir sonst nie«, meinte die Buchhalterin, die nach dem mit 93:103 verlorenen Viertelfinale am Ende einen respektablen achten Rang belegte.

Ralf Schumann (r.) nimmt mit der Schnellfeuerpistole das Ziel ins Visier. Nach einer erfolgreichen Serie jubelt er über das zweite deutsche Olympiagold überhaupt.

Petra Horneber (r.) rauft sich die Haare – Gold wäre möglich gewesen.

Justin Huish zeigte während des Wettkampfs mit einem Stars-and-Stripes-T-Shirt Flagge und holte auch noch Gold.

Oben: Impressionen von der Schießanlage beim Wettbewerb mit der Schnellfeuerpistole

Mitte: Cornelia Pfohl hat den Bogen gespannt – gleich fliegt der Pfeil in Richtung Zielscheibe.

Susanne Kiermayer (r.), Silbermedaillengewinnerin im Doppeltrap

Attraktivität des Fünfkampfs künstlich erhöht

Die Grundidee des 1909 begründeten Modernen Fünfkampfes ist militärisch: Ein Reiter soll eine Meldung durch die feindlichen Linien bringen, verliert aber im Gefecht sein Pferd, muß sich mit dem Degen verteidigen und mit der Pistole den Weg freischießen, bis er schwimmend fliehen und laufend seine Botschaft überbringen kann.

Um diese Ereignisse fernsehgerechter zu gestalten, wurde der bis 1980 fünf Tage dauernde Mehrkampf in eine dreizehnstündige Kurzversion mit Ortswechseln umgestaltet. Nach dem Schießen folgte im Georgia World Congress Center zunächst das Degenfechten jeder gegen jeden. Das 300 m-Freistil-Schwimmen war im Georgia Tech Aquatic Center nahe dem Olympischen Dorf angesetzt, der Showdown im Georgia International Horse Park, eine Stunde nördlich der Stadt. Nach dem Springreiten wurde der Punktestand jedes Teilnehmers in Zeitabstände umgerechnet. In der sich daraus ergebenden Reihenfolge gingen 32 Athleten an den Start, so daß der Erste im Ziel des 4000 m-Geländelaufs auch Olympiasieger war. Alexander Parygin aus Kasachstan war im Schlußspurt frischer als der lange Zeit führende Russe Eduard Zenowka, der sogar um die Silbermedaille bangen mußte, als er kurz vor dem Ziel strauchelte, sich aber noch über die Linie schleppen konnte.

Kann sich nicht mehr im Sattel halten und stürzt – der Australier Alexander Johnson

Zieleinlauf beim abschließenden 4000 m-Geländelauf: Alexander Parygin (r.) überholt den lange führenden Eduard Zenowka auf den letzten Metern.

1
18
18

USA
3

Tips per Handy für das Sprinter-As aus Chemnitz

Tief über den Lenker gebeugt, nur die Ziellinie im Visier, der Körper bis auf die letzte Muskelfaser angespannt - so rauschte der deutsche Sprintkönig Jens Fiedler unter dem Jubel der Zuschauer zu olympischem Gold. Der für die SG/EC Bayer Köln-Worringen fahrende Chemnitzer kämpfte in zwei dramatischen Läufen den Amerikaner Marty Nothstein nieder. Mit seinem Olympiasieg sorgte das Kraftpaket – aus deutscher Sicht – für einen der wenigen Höhepunkte bei den Bahnradsportlern.
Der 26jährige Fiedler feierte mit seinem Triumph in der brütendheißen Radarena am Stone Mountain Park seinen zweiten Olympiasieg nach Barcelona 1992. Dabei hatte es in den vergangenen Jahren gar nicht gut für den Spitzenathleten ausgesehen. Sportlich und privat war der im Förder- und Leistungssystem der frühereren DDR groß gewordene Athlet in ein Loch gefallen. Drei Jahre lang kam er in keinem offiziellen Rennen unter die ersten Drei.
Erst kurz vor Olympia hatte sich Jens Fiedler wieder zusammengerissen. Ganz entscheidend war der Einfluß seines Trainers Karsten Schmalfuß, der ihn wieder zu einem »Siegertyp« formte.
Der erste Finallauf war nichts für schwache Nerven. Fiedler fuhr von der Spitze weg, trat aber vielleicht etwas zu früh an und bot seinem Konkurrenten Nothstein dadurch die Möglichkeit zu kontern. Erst das Foto-Finish gab Aufschluß darüber, wer als erster die Ziellinie überquert hatte. Mit einer Tausendstel Sekunde Vorsprung hieß der Sieger Fiedler.

Im zweiten Lauf ließ Fiedler dem Lokalmatadoren und Doppel-Weltmeister von 1994 nicht mehr den Hauch einer Chance. Von der Spitze kontrollierte er das Rennen, gewann überlegen den zweiten Lauf und wurde Olympiasieger. Mit entspannten Gesichtszügen, die Sonnenbrille, die er auch bei bewölktem Himmel nicht absetzte, auf der Nase, und die Deutschland-Fahne in der Rechten drehte er auf seinem aerodynamisch gestylten Sportgerät glücklich eine Ehrenrunde. »Das ist Wahnsinn«, stammelte er immer wieder erleichtert.
Gelohnt hat sich für Jens Fiedler die ausgesprochen intensive Kommunikation mit Trainer Schmalfuß. Der Betreuer, der nicht als Verbandstrainer arbeitete, nicht akkreditiert wurde und auch keinen Zutritt zum Innenraum der Kampfbahn hatte, fieberte mit den 6000 Zuschauern auf der Tribüne. Kontakt zu seinem Schützling hatte er aber ständig. Selbst zwischen den Finalläufen telefonierte Fiedler per Handy mit seinem Coach. Da Fiedler auch häufig mit Berater Michael Hübner telefonierte, schossen die Gebühren in die Höhe. Auf 3000 Dollar sollen sich die Telefonkosten für Seelsorge und Betreuung per Handy belaufen haben.
Für eine wirkliche Überraschung und die erste Medaille im deutschen Fahrerlager hatte am Tag zuvor Judith Arndt gesorgt. Vier Tage nach ihrem 20. Geburtstag holte sie in der 3000-m-Einzelverfolgung Bronze. Im Halbfinale war sie der Weltmeisterin von 1994, Marion Clignet, mit der drittbesten Zeit unterlegen. Clignet, die sich im Finale der Italienerin Antonella Bellutti beugen mußte, hat ihre Silbermedaille eigentlich einem Ausrutscher zu verdanken. Erst als sie 1984 wegen des Verlusts ihres Führerscheins nicht mehr mit dem Auto zur Arbeit fahren konnte, startete sie mit dem Radtraining.
Neben einer ausgeprägten Beinmuskulatur, Kondition und eisernen Nerven hängen Erfolg oder Mißerfolg im Radsport immer mehr davon ab, ob das Sportgerät der Radler auf dem neuesten Stand der Technik ist. In hautenge Anzüge gepreßt, mit tropfenförmigen Helmen auf dem Kopf und auf einem High-Tech-Velo sitzend, das außer den Reifen fast nichts mehr mit einem traditionellen Fahrrad zu tun hat – so gingen die meisten der Top-Athleten an den Start.

Jens Fiedler stand wie schon in Barcelona 1992 ganz oben auf dem Treppchen.

Nach einem unwiderstehlichen Schlußspurt verweist Jens Fiedler (r.) im Finale den Amerikaner Marty Nothstein auf den zweiten Rang.

Vorhergehende Seite: Im Finale des Frauen-Punktefahrens kommt es zu einer folgenschweren Kollision, bei der Jeanne Golay, Yony-Mi Kim und May Hartwell (v.l.) »auf der Strecke bleiben«.

Überraschung: Pascal Richard (SUI) fuhr seinen prominenteren Profikollegen auf der Straße davon.

Der beste über 4000 m, Andrea Collinelli, trat mit dem wohl futuristischsten Rad an. Zwei hörnerähnliche Lenksäulen unten, eine langgestreckte Version des »Triathlon«-Lenkers oben und eine im Windkanal geborene Radkonstruktion boten dem Italiener immer die optimale Sitzposition. Gleich zweimal verbessert Collinelli den Weltrekord.
Von einem Weltrekord war der deutsche Bahn-Vierer unendlich weit entfernt. Das hochgehandelte Team blamierte sich statt dessen bis auf die Knochen. Vor vier Jahren wurde der Vierer noch mit olympischem Gold gekrönt, in Atlanta reichte es nicht mal zur Finalteilnahme. Mit 4:15,140 min belegten sie einen enttäuschenden neunten Platz. »Das ist eine Blamage, eine Riesenenttäuschung. Die Zeit von 4:15 ist Vereinsniveau«, meinte Bundestrainer Wolfgang Oehme nach dem unerwarteten Ausscheiden und zuckte die Schultern, weil er sich den Einbruch beim besten Willen nicht erklären konnte.

In aerodynamisch vorbildlicher Haltung kämpfte sich Judith Arndt (GER) auf einen Bronzeplatz.

Zugegeben, die Sonne brannte auf Radsportler, Zuschauer und Journalisten nieder. Aber alle Athleten fuhren unter gleichen Bedingungen. So verbuchten die Deutschen in Atlanta letztlich nur ein mäßiges Endergebnis. Wie auch in anderen nicht vom Erfolg verwöhnten Verbänden war das fehlende Edelmetall Auslöser für Streitigkeiten hinter den Kulissen, wo sich Verbandstrainer und persönliche Trainer so manches heiße Wortgefecht lieferten.
Eines der letzten großen Geheimnisse rund um den Bahnradsport wurde den Zuschauern vor Ort enthüllt. Einige Fahrer erläuterten dem Publikum, warum sich viele Radrennfahrer die Beine rasieren. Man höre und staune: Bei ihnen geht es, anders als bei den Schwimmern nicht so sehr um den optimalen aerodynamischen Wert, die kleinen Haare stören nur wenig im Wind. Viel wichtiger für die Notwenigkeit einer Rasur an ungewohnter Stelle ist ein medizinischer Grund: Bei den häufig auftretenden Stürzen können Wunden an rasierten Beinen einfacher gesäubert werden. Haare könnten zu Verunreinigungen der Wunden beitragen und Entzündungen auslösen. Und außerdem lassen sich glattrasierte Beine viel besser massieren.
Gut massiert müssen auch die Beine von Jeannie Longo-Ciprelli gewesen sein, die mit ihrem Olympiasieg ihre einzigartige Karriere krönte. Die 37jährige zehnfache Weltmeisterin, die in der letzten Runde an einem kurzen, aber giftigen Anstieg die entscheidende Attacke fuhr, gewann das Einzelrennen über 102 km. Die Erfurterin Vera Hohlfeldt konnte sich in einem von zahlreichen Stürzen überschatteten Rennen den vierten Rang sichern.

Hatte im Kampf gegen die Uhr, im Zeitfahren, die nase vorn: Florian Rousseau (FRA)

Als erster Berufsfahrer holte der Schweizer Pascal Richard olympisches Gold. Nach 221,85 km verwies er den Dänen Rolf Sörensen und den Briten Maximilian Scandri auf die Plätze. Der deutschen Hoffnung Olaf Ludwig gelang nicht, was er erträumt hatte. Der Olympiasieger von 1988, der sein letzten großes Rennen bestritt, radelte klar an den Medaillenrängen vorbei und landete schließlich auf Rang 16. Dabei hatte er sich bemüht, in der 11.

Antonella Bellutti (ITA) überzeugte nicht nur wegen ihres futuristischen Aussehens im 3000 m-Finale.

von 17 Runden einen couragierten Vorstoß gewagt. Als das Verfolgerfeld ihn stellte und sich eine neue Spitzengruppe formierte, hatte Ludwig sein Pulver verschossen.

Der Spanier Miguel Indurain konnte in diesem Jahr doch noch einen großen Titel erringen. Nach seinem enttäuschenden Abschneiden bei der Tour de France holte sich der 32jährige in Atlanta Gold im Einzelzeitfahren. Die Radsportlegende präsentierte sich auf dem Zeitfahrkurs fast in altem Glanz. Für die 52,5 km benötigte er 1:04,05 Stunden. Wie ein Uhrwerk arbeiteten seine Beine. Mit beeindruckender Kraft und Ausdauer brachte Indurain das Rennen zu Ende. Nur knapp dahinter plazierte sich sein Landsmann Abraham Olano, der nach 1:04,17 die Ziellinie überquerte. Die Bronze-Medaille gewann der Brite Chris Boardman.

Die deutschen Radsportler fuhren im Rahmen ihrer Möglichkeiten: Michael Rich belegte den zehnten, Uwe Peschel den zwölften Rang. Zum ersten Mal seit den Olympischen Spielen 1976 in Montreal blieben die Radsportler auf der Straße ohne Medaille. Die Ausbeute erklärte Bundestrainer Peter Weibel u.a. mit der Zulassung der Profis und der Einführung neuer Disziplinen. »Es wäre vermessen gewesen, hier nach Medaillen greifen zu wollen«, resümierte er. Die Russin Sulfia Sabirowa sicherte sich die Goldmedaille im Einzelzeitfahren der Frauen, das über eine Distanz von 26 km führte, vor der Olympiasiegerin im Straßenrennen, Jeannie Longo-Ciprelle aus Italien und der Kanadierin Clara Highes.

Jeannie Longo-Ciprelli (FRA), seit Jahren die bestimmende Straßenfahrerin

Beim Punktefahren nicht zu schlagen war der Italiener Silvio Martinelli – verdienter Lohn: die Goldmedaille.

KOMMENTAR

Über den Wert von Goldmedaillen nach netten Rennen

Miguel Indurain, der Rad-Hero aus Spanien, fand seinen Olympiasieg recht nett. Der fünffache Sieger der Tour de France deklassierte noch einmal seine Konkurrenz. Zwei Wochen, nachdem er erstmals seit 1990 wieder bei der großen Etappenfahrt durch Frankreich – von dem Dänen Bjarne Riis – besiegt worden war, nutzte der 32jährige seine Chance zur Produktion positiver Schlagzeilen. Er polierte seinen Namen auf, als erster Goldmedaillengewinner des Einzelfahrens der Olympia-Historie. Doch diesen Erfolg bewertete der vielfache Millionär nicht sehr hoch. Drei Goldmedaillen würde er für einen Tour-Sieg tauschen, sagte er etwas mißgelaunt nach dem Rennen. Das hat sein Landsmann und IOC-Präsident Juan Antonio Samaranch nun davon, daß er als letztes auch den Superprofis des Radsports das Olympia-Tor geöffnet hat. Die rechnen kühl den Wert ihrer Goldmedaillen hoch und stellen fest, sie sind wenig wert, weil sie sich nur unzureichend in klingende Münze umsetzen lassen. Nach der Indurain-Logik kommen seine Tour-Erfolge 15 Goldmedaillen gleich. Auch die anderen Profis, wenn sie denn überhaupt dabei waren, sprachen von einem ganz interessanten Rennen. Die Deutschen hatten ihre beste Chance verschenkt und den Tour-Zweiten Jan Ullrich, der wahrscheinlich der beste Zeitfahrer des Jahres 1996 war, aus seltsamen Gründen erst gar nicht nominiert. So blieb der Bund Deutscher Radfahrer erstmals seit 20 Jahren ohne Straßen-Medaille. Und auch auf der Bahn war die Vorstellung sehr bescheiden. Gold für Sprinter Jens Fiedler und Bronze für Verfolgerin Judith Arndt waren die karge Ausbeute. Während die Profis den Anschluß an die Weltspitze gefunden haben, verliert der Amateur-Bereich an Format.

Hans Schwarz

Der Berg rief – aber nur wenige Fahrer hörten ihn

Paolo Pezzi (ITA) holt bei der Olympiapremiere Gold im Frauenwettbewerb.

Die erste Mountainbike-Goldmedaille in der Geschichte von Olympia holte sich der Niederländer Bart Brentjens. Mit erhobenen Armen fuhr der 27jährige Weltmeister nach 47,7 km als Erster durchs Ziel. Thomas Frischknecht aus der Schweiz und Miguel Martinez (FRA) verwies er auf die Plätze.

Der Berliner Mike Kluge, der noch vor dem Wettkampf zu den Medaillenanwärtern gezählt hatte, mußte in der vorletzten Runde aufgeben, war zu diesem Zeitpunkt durch technische Probleme aber ohnehin schon ins Hintertreffen geraten. Die Kette hatte sich verdreht und schließlich völlig verklemmt. Zu den unverständlichen Regeln der neuolympischen Trend-Sportart gehörte es, daß jegliche Reparaturhilfe von außen untersagt war. Nicht allein deshalb nannte Kluge das Rennen »eine unwürdige Premiere«.

Das Regelwerk hatte darüber hinaus eine weitere Kuriosität zu bieten: Frischknecht und sein Teamkollege Beat Wabel mußten nach dem Rennen eine Geldstrafe von 5000 DM bezahlen, weil sie verbotenerweise mit einem ärmellosen Trikot gefahren waren.

Die Olympiapremiere der Mountainbiker gelang insgesamt nicht so glanzvoll wie von vielen erhofft. Die rund 10 km lange Strecke, die viereinhalb Mal durchfahren werden mußte, war im Vergleich zu üblichen Cross-Country-Läufen viel zu lang. Zudem gingen auf dem Georgia International Horse Park nur 43 Athleten an den Start. Bei gutdotierten Rennen kämpfen sich in der Regel mehr als 100 Biker über Stock und Stein. Das kleine Starterfeld und der unterschiedliche Leistungsstand der Teilnehmer führten obendrein dazu, daß viele Fahrer einsam ihre Runden drehten. Spannende Duelle oder spektakuläre Verfolgungsjagden waren Mangelware – ein Hauch von Langeweile lag über dem Parcours.

Während sich Susan De Mattei (l.) im Ziel über den dritten Rang freut, muß sich Thomas Frischknecht (unten) noch quälen.

Mike Kluge (l.) war vom Pech verfolgt und mußte nach einem technischen Defekt aufgeben.

Links: Erstes olympisches Gold für Bart Brentjes

Erfrischung während des Rennens garantierten die überdimensionalen Ventilatoren am Streckenrand.

12

Kein Hindernis zu hoch für deutsche Reiter

Mit zwei sensationellen Ritten holte sich der Deutsche Ulrich Kirchhoff am letzten Tag der Spiele Gold im Einzelspringen. Der Olympia-Debütant reihte sich mit seiner beeindruckenden Leistung unter die Großen des deutschen Springsports ein. Nach Kurt Hase (1936), Hans Günter Winkler (1956), Alwin Schockemöhle (1976) und Ludger Beerbaum (1992) wurde Kirchhoff der fünfte deutsche Einzelsieger bei Olympischen Spielen.

Aber auch auf die übrigen deutschen Reiter war Verlaß. Neben Gold im Einzelspringen holte die Mannschaft Gold im Springen, in der Dressur dominierten ebenfalls deutsche Athleten: Mannschafts-Gold und Einzel-Gold für Isabell Werth war die stolze Bilanz für die deutsche Equipe, die wie immer bei großen Turnieren eine Bank war.

Der nervenstarke und selbstbewußte Niedersachse Kirchhoff hatte bereits mit der Mannschaft Gold gewonnen. Auch für das Einzelspringen traute man ihm einiges zu. Daß er aber mit seinem zehnjährigen belgischen Zuchthengst »Jus de Pommes« derartig auftrumpfen würde, hätten nur wenige zu hoffen gewagt.

Nachdem noch mehrere Reiter den ersten Durchgang fehlerfrei absolvieren konnten, blieben allein bei Ulrich Kirchhoff im zweiten Durchgang die Hindernisstangen liegen. Lediglich einen Zeitstrafpunkt handelte sich Kirchhoff ein, der mit gestreckter Faust den Parcours verließ und bereits ahnte, daß es sein Tag werden könnte. Nach dem Ritt hatte er aber erst Silber sicher. Erst, als auch der letzte Starter im zweiten Umlauf eine Stange riß, stand es fest: Gold im Einzelspringen für den jungen Außenseiter. Kirchhoff war sichtlich stolz auf die starke Leistung seines Pferdes. »Mein ›Jus‹ ist unwahrscheinlich gegangen. Der kann von mir alles haben«, grinste er. Eine Zusatzportion Möhren und Äpfel wollte er seinem Olympiapferd anbieten, er selbst nahm sich vor, »feucht« zu feiern. Als der neue Olympiasieger schon die ersten Interviews gab, mußten sich die Nächstplazierten noch einmal konzentrieren. Im Stechen ging es um Silber und Bronze. Der Schweizer Willi Belliger auf »Calvaro« ritt auf den zweiten, die Französin Alexandra Ledermann auf »Rochel M« auf Platz drei.

Schon im Mannschaftsspringen hatten die deutschen Reiter ihre Spitzenstellung im internationalen Reitsport dokumentiert. »Wir waren einfach besser«, kommentierte Olympiasieger Ludger Beerbaum den Mannschaftssieg der deutschen Springreiter. Jubelnd hatte er nach einem phantastischen Ritt auf der Ausnahmestute »Ratina Z« die Faust hochgerissen. Mit nur 1,75 Fehlerpunkten düpierten Ludger Beerbaum, Ulrich Kirchhoff auf »Jus de Pommes«, Franke Sloothaak auf »Joli Coeur« und Lars Nieberg auf »For Pleasure« die Konkurrenz. Zum Vergleich: Die zweitplazierten Amerikaner schlossen den Wettkampf mit zwölf, die drittplazierten Brasilianer mit 17,25 Fehlerpunkten ab.

Der Niederländer Sven Rothenberger gratuliert Isabell Werth

Der erneute Erfolg der Deutschen war vor allem auf eine starke Konzentrationsleistung zurückzuführen. 95 Minuten mußte der Wettbewerb wegen eines sintflutartigen Gewitters unterbrochen werden. Den schweren Boden wertete Beerbaum, der Selbstbewußtsein und Angriffslust wie selten zuvor ausstrahlte, allerdings nicht als Hindernis. Zudem rauften sich die deutschen Reiter im entscheidenden Moment zusammen - trotz heftiger interner Querelen, vor allem zwischen Kirchhoff und Sloothaak.

Der goldenen Schein der deutschen Mannschaftsmedaille wurde allerdings ein wenig getrübt. Wegen seines schweren Sturzes im Mannschaftsspringen am neunten Hindernis hatte sich der mitfavorisierte Franke Sloothaak nicht für das Einzelspringen qualifizieren können. Sloothaak zog sich eine Verletzung an der Hand und eine Prellung am Rücken zu. Auch der große Favorit für das Einzelspringen, Ludger Beerbaum, mußte auf das Finale verzichten, weil sein Pferd wegen Verletzung ausfiel. »Ratina Z« hatte sich eine Zerrung der Fessel am linken Hinterbein zugezogen - eine Titelverteidigung kam für den Olympiasieger von 1992 nicht mehr in Frage.

Die deutschen Military-Reiter hatten mit der Medaillenvergabe in Atlanta nichts zu tun. Aber immerhin sprang in der Einzelwertung ein achtbarer und überraschender siebter Rang für Hendrik von Paepcke heraus. Wie schon häufig in der Vergangenheit ritten die Military-Sportler auch in Atlanta nicht

Ludger Beerbaum lieferte im Mannschafts-Wettbewerb auf »Ratina« eine fehlerlose Leistung ab.

Vorhergehende Seite: Die Amerikaner ließen sich bei den Motiven der Hindernisse einiges einfallen. Hier bilden ausgewählte Bauwerke der Skyline von Atlanta den Hintergrund.

Das siegreiche Dressurteam: Martin Schaudt, Monica Theodorescu, Klaus Balkenhol und Isabell Werth bei der Siegerzeremonie

nur um Gold, Silber und Bronze, sondern auch in die Kritik. Stürze, Verweigerungen, erschöpfte Pferde vermittelten nicht immer den Eindruck von maßvollem Sport in der Vielseitigkeitsprüfung, die einen Dressur-, Gelände- und Springwettbewerb umfaßte – und

Ludger Beerbaum nach seinem entscheidenden Ritt, der Deutschland Mannschafts-Gold sicherte

zwar über einen ganz besonders schweren Kurs. Die von vielen gefürchtete Hitze war nicht einmal das Hauptproblem für Reiter und Pferde. Wassersprühende Ventilatoren sorgten entlang der Strecke für Abkühlung, die Pausen wurden ausgedehnt, so daß die Pferde betreut und veterinärmedizinisch begutachtet werden konnten. Allerdings erwies sich der Geländeparcours als extrem schwierig. Er verlangte Pferd und Reiter eine Menge ab, manchmal mehr als beide geben konnten. Souverän holten sich die Australier schließlich Mannschafts-Gold vor den USA und Neuseeland. Trotz einiger Ausfälle kam das deutsche Team noch auf Platz neun.

In der Dressur erkämpfte sich die vor Olympia favorisierte Isabell Werth in einem hochdramatischen Finale in der Dressur-Einzelwertung die schon verloren geglaubte Goldmedaille. Sie hatte im schweren Grand Prix Special einige Patzer gemacht und die 28jährige Niederländerin Anky von Grunsven mit ihrem 13jährigen Oldenburger Wallach »Bonfire« zunächst vorbeiziehen lassen müssen. Nach Grand Prix und Grand Prix Special lag die 27jährige deutsche Doppel-Weltmeisterin stattliche 153,44 Punkte hinter von Grunsven. Alle Goldträume schienen ausgeträumt zu sein. Intern hatten sich einige schon mit Silber abgefunden. Obwohl die abschließende Kür als die große Stärke der Niederländerin galt, drehte Isabell Werth den Spieß mit einer phänomenalen Vorstellung aber noch um. Offensiv, harmonisch, fehlerfrei und in perfekter Abstimmung mit ihrem Hannoveraner Fuchswallach »Gigolo« holte sie Gold. »Gigolo« war in weltmeister-

»Gigolo« trug Isabell Werth auch in der Einzelwertung vorbildlich durch den Parcours.

licher Form, reagierte perfekt auf jeden Schenkeldruck, schien sich förmlich auf die professionell zusammengestellte Musik (»Just a Gigolo«) einzulassen und beeindruckte Publikum und Punktrichter gleichermaßen. Im Grand Prix Special hatte der hochbeinige »Gigolo« noch in den Einerwechseln gepatzt und in der zweiten Pirouette eine deutliche Unsicherheit gezeigt. Als es aber wirklich darauf ankam, war nichts mehr davon zu spüren. Die frühere Schweizer Olympiasiegerin Christine Stückelberger war sich mit Reiner Klimke, erfolgreichster Dressurreiter der Welt, und allen übrigen Experten einig: Das war Dressur in Vollendung.
Den Augenblick ihres Triumphes erlebte die 27jährige Jurastudentin im Stall.

Ulrich Kirchhoff tat auf »Jus de Pommes« das Seine, um Mannschaftsgold zu sichern.

Sie mochte die Entscheidung nicht live mitverfolgen. Als ihre große Rivalin aus den Niederlanden nach einer eher zurückhaltenden Kür auf dem Oldenburger Wallach »Bonfire« 79,58 Punkte erhielt, war die Goldmedaille perfekt. Per Handy wurde Isabell Werth über das Ergebnis informiert. Auf den dritten Platz kam ein weiterer Deutscher: Der gebürtige Hesse Sven Rothenberger auf »Weyden«, der seit 1994 für die Niederlande startet, holte sich vor der deutschen Reiterin Monica Theodorescu auf »Grunox«, die knapp eine Einzelmedaille verpaßte, Bronze.

Nach seinem Einzelstart in der Dressur handelte sich Mannschafts-Olympiasieger Martin Schaudt eine Verwarnung der juristischen Kommission des Reiterweltverbandes ein. Schaudt erhielt einen Rüffel, weil sein Pferd wegen zu harten Sporeneinsatzes eine blutende Verletzung davongetragen hatte.

Beinahe erwartet wurde von den deutschen Dressurreitern das Mannschafts-Gold. Und Isabell Werth auf »Gigolo«, Monica Theodorescu auf »Grunox«, Martin Schaudt auf »Durgo« und Klaus Balkenhol auf »Goldstern« enttäuschten die 31 000 Zuschauer im ausverkauften International Horse Park nicht. 5553 Punkte lautete das Endergebnis. Zum viertenmal hintereinander wurde einer deutschen Dressur-Equipe olympisches Gold umgehängt.

Trotz der deutschen Überlegenheit herrschte Spannung in der Mannschaftswertung, die gleichzeitig auch als erste Qualifikation für die Einzelmedaillen galt, die nach Grand Prix Special und Kür vergeben wurden. Martin Schaudt lieferte dabei in einer zu gering bewerteten Vorstellung mit 1781 Punkten das Streichergebnis, die Niederländerin van Grunsven glänzte dagegen mit 1893 Punkten.

Nicht in den Endlauf kam Nicole Uphoff-Becker mit ihrem 19jährigen Rembrandt. Das Pferd der viermaligen Olympiasiegerin überstand die veterinärmedizinische Verfassungsprüfung nicht. Rembrandt litt erneut unter Vorderbeinbeschwerden. Damit erlebte das Kapitel Rembrandt ein unfreiwilliges Ende. Nicole Uphoff-Becker,die nicht in die deutsche Auswahl für Atlanta berufen worden war, und ihr Vater und Berater Jürgen Uphoff hatten den Olympia-Start wegen einer nachlässig abgefaßten Regel des Weltverbandes einklagen können.

Franke Sloothaak ritt auf »Joly Coeur« in ein Hindernis und verletzte sich an Hand und Rücken.

Der 33jährige Lars Nieberg qualifizierte sich auf »For Pleasure« sicher für den Einzel-Wettbewerb.

»Jus de Pommes« nahm mit Ulrich Kirchoff die 14 teils malerischen Hindernisse mit Bravour.

Kerry Milliken (USA) belegt im Endklassement auf »Out and About« den dritten Rang.

Olympiasiegerin Blyth Tait (NZL) nimmt auf ihrem Pferd »Ready Teddy« ein mächtiges Hindernis.

Herbert Blöcher (r.), seit Jahren in der Military eine feste Größe, landete nur auf dem 16. Platz.

Gilian Rolton stürzt (l.), nachdem das Pferd mit der Hinterhand am Hindernis (o.) hängengeblieben ist. Trotzdem ritt Rolton weiter und errang mit der australischen Mannschaft Gold.

KOMMENTAR

Hut ab, auf die deutschen Reiter ist Verlaß

Gold, Gold, Gold, Gold – der olympische Medaillen-Vierklang der deutschen Reiter hörte sich phantastisch an. Die Dressur-Mannschaft, die neue Dressur-Königin Isabell Werth, das Springreiter-Team und der Sensationssieger Ulrich Kirchhoff schafften nach hartem Kampf und denkbar knappen Entscheidungen, die Olympiasiege von Barcelona zu wiederholen. Alle vier Goldmedaillen hingen am seidenen Faden, denn die Konkurrenz hat mächtig aufgeholt. Der Vorsprung von 1992, als die deutsche Reiterei wie keine andere Nation zuvor dominierte, ist kleiner geworden. Aber als der Druck am größten war, zeigten Dressur- und Springreiter ihre wahre Klasse, scheiterten die olympischen Newcomer Werth und Kirchhoff nicht an den Nerven, sondern entfalteten unter Streß ihre Bestleistungen. Nach ihren Vorstellungen zogen die Sieger Reiterkappe und Zylinder. Doch eigentlich war vor ihnen der Hut zu ziehen. Solche Siegertypen braucht der deutsche Sport. Aber es ist nicht alles Gold, was glänzt. Es war klar, daß das Optimalergebnis nicht zu wiederholen war. Die Militaryreiter blieben erstmals seit 1968 gänzlich ohne Medaille. In der Dressur ist der einst große Vorsprung geschmolzen. Vor allem die Niederländer haben in den letzten Jahren den Abstand verkürzt. Gingen früher oft Gold, Silber, Bronze im Paket an deutsche Reiterinnen und Reiter, mußte Isabell Werth um das Erbe von Nicole Uphoff bis zur letzten Minute bangen. Besonders stark aber war der Auftritt der Springreiter kurz vor der Schlußfeier. Als Ludger Berrbaum und Franke Sloothaak für das Finale ausfielen, sprang der junge Ulrich Kirchhoff, gestählt durch die landesinterne Konkurrenz, in die Bresche. Auf die Reiter ist Verlaß.

Hans Schwarz

»Dream-Team« erfüllt seine Mission ohne Begeisterung

Natürlich stand der Sieger im olympischen Basketballturnier der Männer schon vor dem ersten Korberfolg fest. Nur zwei Fragen waren zu klären: Wem würden die hochbezahlten Profis der National Basketball Association (NBA) im Finale gegenüberstehen? Wie würde sich das »Dream Team III« im Vergleich zu seinem ruhmreichen Vorgänger von 1992 behaupten können, würden ein Shaquille O'Neill und ein Hakeem Olajuwon 1996 in Atlanta einen ähnlichen Glanz verbreiten wie ein Michael Jordan und ein Earvin »Magic« Johnson vier Jahre zuvor in Barcelona? Die sportliche Bilanz blieb – wie zu erwarten – makellos. Von den Vorrundengegnern konnte nur Litauen trotz des letztlich klaren 104:82 den Korbjägern aus den USA wenigstens zeitweilig Paroli bieten. Im Halbfinale lag das »Dream Team« gegen die Australier nach 12 Minuten sogar 30:34 hinten, ehe die US-Boys ernst machten und überlegen mit 101:73 gewannen.

Das Endspiel gegen die zuvor gleichfalls in sieben Spielen ungeschlagenen Jugoslawen wurde dann vor der Rekordkulisse von 34 600 im Georgia Dome zu dem erwartet großen Spektakel. Mit Einsatz und Kampfgeist wehrten sich die Jugoslawen, die 1992 wegen des Bürgerkrieges von der olympischen Bühne verbannt worden waren, gegen die übermächtigen Amerikaner und lagen bis zur 17. Minute sogar vorn. Dann erst gingen die NBA-Millionäre durch O'Neill erstmals mit 36:35 in Führung. Sie kamen fortan besser ins Spiel, nicht zuletzt deshalb, weil Jugoslawien ab der 25. Minute auf Centerspieler Vlade Divac verzichten mußte, der wegen des fünften Fouls vorzeitig ausschied.

Nach der Pause wurde die Abwehrarbeit der US-Profis immer aggressiver, und ihre Würfe trafen immer häufiger ins Ziel. Am Ende hieß es 95:69 für die USA, wobei Center David Robinson mit 28 Punkten vor dem 20 mal erfolgreichen Reggy Miller der treffsicherste Werfer war.

Die olympische Bilanz der USA: Zum elften Mal seit 1936 holten die Basketballer die Goldmedaille und kassierten in dieser Zeit lediglich zwei Niederlagen. Dem stehen mehr als 100 Siege gegenüber.

Bronze sicherte sich, wie schon in Barcelona 1992, Litauen durch ein hart umkämpftes 80:74 über Australien dank des mit 30 Punkten erfolgreichsten NBA-Profis Arvidas Sarbonis.

Ein Erfolg blieb der US-Stars trotz acht Siegen in Folge verwehrt: Gegen die Aura des »Dream Team I« kam das »Dream Team III« nicht an, auch wenn mit Charles Barkley, Scottie Pippen, Karl Malone, David Robinson und John Stockton immerhin fünf Spieler aus dem Barcelona-Aufgebot dabei waren.

Die Statistik schien den Kritikern Recht zu geben: 1996 gab es für die USA im Durchschnitt 102,0 Punkte pro Spiel. In Barcelona kamen die Ballkünstler hingegen auf 117,3 Punkte und bei der Weltmeisterschaft 1994 in Kanada sogar auf 120,1 Punkte. Kein Wunder, daß Michael Jordan auf die Frage nach den Chancen des alten »Dream-Teams« gegen die Mannschaft, die in Atlanta an den Start ging, selbstbewußt erklärte: »Wir würden gewinnen, und zwar ganz leicht.«

Doch der Vergleich hinkt, auch deshalb, weil die Mannschaft von Barcelona auf wesentlich weniger Gegenwehr traf als das 96er Team. Damals applaudierten die Gegner noch ehrfürchtig und waren, wie die Kubaner nach dem deklassierenden 57:136, froh über ein Autogramm. In Atlanta hatten die Gegner weniger Angst vor der amerikanischen Übermacht. »Der Abstand ist kleiner geworden«, mußte auch Teamcoach Lenny Wilkens zugestehen.

Nachdem die Amerikaner ihre Pflicht getan hatten, wartete noch eine Überraschung auf die im Georgia Dome Versammelten. Nach seinem Auftritt bei der Eröffnungsfeier stand Muhammad Ali ein weiteres Mal im olympischen Rampenlicht.

Scottie Pippen läßt sich im Spiel gegen Litauen auch von zwei Abwehrspielern nicht am Korberfolg hindern.

Vorhergehende Seite: Shaquille O'Neill wechselt in der neuen Saison von den Orlando Magics zu den Lakers aus Los Angeles.

»Bad boy« Charles Barkley beobachtet das Treiben auf dem Spielfeld gelangweilt.

PIPPEN
8

Scottie Pippen, neben Michael Jordan einer der Stars der Chicago Bulls

US-Fans zelebrieren den Sieg ihres Teams im Finale gegen Jugoslawien.

Charles Barkley feuert seine Mitspieler von der Seitenlinie aus an.

Mit einem kleinen Elektrowagen in die Halle gefahren, wurde dem größten Boxer aller Zeiten noch einmal die Goldmedaille für seinen Halbschwergewichtssieg 1960 verliehen, die er seinerzeit im Zorn über das weiße Amerika weggeworfen hatte, das ihn nicht einmal als Olympiasieger anerkennen mochte. IOC-Präsident Juan Antonio Samaranch hängte Ali mit versteinertem Gesicht die Medaille um, der schwerkranke Boxer ließ seinerseits erst ein Lächeln erkennen, als er nach der Zeremonie vom gesamten »Dream Team« in die Mitte genommen und geherzt wurde.

Das Basketball-Turnier der Frauen stand ein wenig im Schatten des Medienrummels um das »Dream Team«. Es siegten erwartungsgemäß die USA durch ein 111:87 (57:46) gegen Brasilien; den dritten Platz und damit überhaupt die erste Olympiamedaille einer Basketball-Auswahl vom fünften Kontinent holten sich Australiens Korbjägerinnen durch einen 66:56 (33:24)-Sieg über die Mannschaft der Ukraine. Die Europameisterinnen mußten sich deutlich geschlagen geben.
Das Turnier in Atlanta, für dessen Vorbereitung das US-Damenteam in 15 Monaten nicht weniger als 52 Vorbereitungsspiele in Asien, Australien, Europa sowie im eigenen Land absolvierte (und allesamt gewann), sollte dem Frauen-Basketball in den USA neuen Auftrieb geben. Ob dieses Ziel erreicht wurde, muß sich zwar erst noch zeigen, doch ihr neues Selbstbewußtsein demonstrierten die Spielerinnen unterdessen schon einmal auf eigens zu diesem Zweck gestylten T-Shirts, auf denen zu lesen stand: »Basketball invented by man. And perfected by woman«, was soviel heißt wie: Der Mann hat Basketball erfunden. Und die Frau hat ihn vervollkommnet.

Links: Kein Jugoslawe kann Reggy Miller mehr vom Dunking abhalten.

Shaquille O´Neill ist einer der hochkarätigsten Werbeträger in der NBA.

Nikki McCray deklassierte mit dem US-Frauen-Team die Gegner reihenweise.

Reggy Miller schreit seine Freude nach dem Finalsieg über Jugoslawien heraus.

China machte die Entscheidung im Herren-Doppel zu einer reinen Kantonsmeisterschaft.

Jörg Roßkopf brach als einziger Europäer in die Phalanx der Asiaten ein. Zusammen mit Steffen Fetzner (r.) war allerdings im Halbfinale Endstation.

Niederschmetternde Überlegenheit der Chinesen

Jörg Roßkopf hat es geschafft – nach hartem Kampf bezwang er den Tschechen Petr Korbel im Kampf um Bronze.

Deng Yaping (oben) und Liu Guoliang stellten die Vormachtstellung der Chinsen durch ihre Einzelsiege eindrücklich unter Beweis.

In den von China dominierten »Asienspielen« gelang es nur einem einzigen Europäer, eine Medaille zu erringen. Insgesamt räumten die Chinesen beim olympischen Tischtennis-Turnier im Georgia World Congress Centre alle vier Gold- sowie drei Silber- und eine Bronzemedaille ab.

Der Deutsche Jörg Roßkopf rettete die Ehre der Europäer und errang mit seinem riskanten Angriffsspiel im Herren-Einzel die Bronzemedaille. Mit 3:1 Sätzen besiegte der beste Europäer, der damit in der Weltrangliste auf Platz vier aufrückte, im »kleinen Finale« den Tschechen Petr Korbel. Auf absehbare Zeit ist »Rossi« wohl der einzige Europäer, der in die Phalanx der Zelluloid-Künstler aus dem Reich der Mitte eindringen kann. Im Halbfinale war der Doppel-Weltmeister von 1989 und Einzel-Europameister von 1992 gegen den späteren Olympiasieger Liu Guoliang mit 1:3-Sätzen ausgeschieden. Verantwortlich dafür war die vielleicht einzige Schwäche Roßkopfs, sein Problem mit dem Rückschlag. Der Traum vom Finale platzte, weil er insgesamt 19 Aufschläge des chinesischen Penholder-Spielers direkt verschlug. »Aber das wird auch noch besser«, versprach der siebenmalige deutsche Meister.

Daß der DTTB erfolgreichster europäischer Verband wurde, liegt auch an den Ergebnissen bei den Damen und im Doppel. Europameisterin Nicole Struse kam in Atlanta als beste Europäerin bis ins Viertelfinale und scheiterte dort in drei Sätzen erst an der späteren Olympiasiegerin Deng Yaping aus China. Im Doppel mußte Roßkopf sich mit seinem Weltmeister-Partner von 1989, Steffen »Speedy« Fetzner, im Spiel um Platz 3 den Südkoreanern Lee Chul-Seung und Yoo Nam-Kyu geschlagen geben. 1992 in Barcelona hatte es für die beiden Deutschen noch zur Silbermedaille gereicht.

BASEBALL

Ausgerechnet Kuba – USA müssen herbe Schlappe hinnehmen

Bei den Olympischen Baseball-Wettkämpfen durchlebten die amerikanischen Zuschauer, sportlich gesehen, einen der schwersten Momente während der gesamten Spiele. Nicht nur, daß das US-Team im Halbfinale den Japanern mit 2:11 unterlag. In der amerikanischsten aller Sportarten wog die 8:10-Niederlage gegen den politischen Erzrivalen und späteren Olympiasieger Kuba in der Vorrunde fast noch schlimmer. Die Gründe für die magere Ausbeute der USA lagen in der Zulassungsbeschränkung der International Baseball Association IBA auf Amateure. Deshalb trat für die USA im wesentlichen eine Mannschaft an, die aus jüngeren Collegespielern bestand. Die Mannschaft aus Kuba wiederholte mit einem 13:9-Erfolg gegen Japan ihren Olympiasieg von Barcelona. Bester Akteur in dem spannenden Spiel war der Kubaner Omar Linares, der drei Homeruns schlug.

Unmittelbar vor den Olympischen Spielen war das kubanische Team durch die Flucht einiger Spitzenleute in die USA geschwächt worden. Beispielsweise erlag Pitcher (Werfer) Rolando Arroyo dem Lockruf der Millionen, die in der US-Major League zu verdienen sind. Deshalb umringten beim Finale 22 Sicherheitsleute die kubanische Bank, um Spielervermittlern das Geschäft zu erschweren.

Die Begegnungen des amerikanischen Teams, hier im Vorrundenspiel gegen die Niederlande, waren regelmäßig ausverkauft.

Japan fand im Endspiel kein Mittel gegen die kubanischen Pitcher.

996
Atlanta
ALLEN
9

Oranje-Team wird seiner Favoritenrolle gerecht

Beim Griff nach den Medaillen scheiterten beide deutsche Hockeyteams in Atlanta an einem Gegner im orangenen Hemd: Die Niederlande verdarben zunächst den Frauen durch ein umstrittenes 4:3 in der Vorrunde eine bessere Plazierung als Platz sechs, bei den Herren stellte sich das Oranje-Team im Halbfinale als unüberwindlicher Gegner heraus. Letztlich blieben beide deutschen Mannschaften ohne olympisches Edelmetall.

Bei den Männern schlug in erster Linie die mangelhafte Chancenauswertung negativ zu Buche, den Hockeydamen fehlte es bei aller spielerischen Klasse und körperlichen Robustheit letztlich an psychischer Stärke und der nötigen Siegermentalität. Für das olympische Turnier hatte der deutsche Bundestrainer Paul Lissek zwei Routiniers reaktiviert: Carsten Fischer, den 34 Jahre alten Libero und Strafeckenspezialisten von Uhlenhorst Mülheim, der in Atlanta mit seinen Länderspieltreffern 153 und 154 den Mönchengladbacher Wolfgang Strödter als deutschen Rekordtorschützen ablöste, und den 35 Jahre alten Kölner Volker Fried, der beim Spiel gegen Argentinien sein 287. Länderspiel absolvierte und damit alleiniger Rekordnationalspieler wurde. Diese beiden altgedienten Abwehrrecken sollten mithelfen, die 1992 in Barcelona gewonnene Goldmedaille zu verteidigen.
In der Vorrunde lief es nach dem 0:1 im Auftaktspiel gegen Spanien bei den nachfolgenden Partien gegen Indien (1:1), Pakistan (3:1), Argentinien (3:0) und die USA (3:0) zunächst (fast) nach Plan. Jedoch schon vor dem Halbfinale gegen die Niederlande schwante Vorstopper Volker Fried Unheil: »Die Holländer schießen die besten Ecken«, sagte er aus langjähriger Erfahrung.
Doch die Strafeckenvarianten des Oranje-Teams überraschten selbst die deutschen Abwehr-Routiniers: Beim 2:0 in der 45. Minute und beim 3:0 acht Minuten später rannte jeweils Volker Fried heraus, um den Schützen zu irritieren, wurde jedoch jeweils von dem körperlich stärksten im Oranje-Dress, Bram Lomans, per Bodycheck gesperrt, so daß sein Teamkollege Taco van den Honert den Ball im deutschen Tor unterbringen konnten. Schon in der 3. Minute hatte van den Honert die Holländer in Führung gebracht. Sven Meinhardts Treffer zum 1:3 in der 60. Minute war nicht mehr als eine optische Korrektur.
Hollands Strafecken-Variante sorgte anschließend für heftige Diskussionen. Wie auch immer: Verboten war sie nicht, bis Atlanta war im internationalen Hockey ganz einfach noch niemand auf diesen Trick gekommen.
Nach der Schlappe gegen Holland blieben die deutschen Hockey-Herren auch im kleinen Finale um Bronze ohne Erfolg. Australien siegte 3:2 (1:1). Beim entscheidenden Tor leisteten ausgerechnet die erfahrensten Deutschen unfreiwillig Mithilfe. Fischers Abschlag wurde von den Australiern aufgenommen, beim folgenden Angriff spielte ein Australier den Ball im Schußkreis an den Fuß von Volker Fried, was der Schiedsrichter mit einer Strafecke ahndete, die zum entscheidenden Tor führte. Neuer Hockey-Olympiasieger wurde die Mannschaft aus den Niederlanden mit einem 3:1-Sieg gegen Außenseiter Spanien.

Die Niederländer, bereits vor dem Turnier als Favorit gehandelt, jubeln über den Olympiasieg.

Die deutschen Hockeydamen, das Team von Bundestrainer Berthold Rauth, waren zwar in keiner ihrer sieben Partien ihren Gegnerinnen spielerisch unterlegen, zu erneutem Silber aber reichte es nicht. Dabei hatte es mit Siegen über Argentinien (2:0) und Olympiasieger Spanien (2:1) einen Turnierstart nach Maß gegeben. Im Spanien-Spiel sorgte Verteidigerin Eva Hagenbäumer (Rüsselsheim) unfreiwillig für Szenenapplaus, als sie in der 45. Minute ihrer schwarzen Rock verlor, dennoch ihre Aktion fortsetzte und sich nach der Ballabgabe den Rock wieder überstreifte.
Weniger Grund zum Jubeln gab es in den nachfolgenden Spielen, in denen zahlreiche Torchancen ungenutzt blieben. Nur drei der 31 Strafecken wur-

Links: Nach der Halbfinal-Niederlage gegen die Niederlande saßen die deutschen Spieler minutenlang auf der Auswechselbank und versuchten, ihre Enttäuschung zu verarbeiten.

GRYPHO

den in Tore umgewandelt – bei allen anderen Spitzenteams war die Chancenverwertung wesentlich höher.
In den Spielen gegen Australien (0:1), die Niederlande (3:4), Großbritannien (2:3) und Südkorea (0:1), dort also, wo in diesem Turnier die »Big Points« zu gewinnen waren, zogen die deutschen Damen jeweils den kürzeren. Vorentscheidenden Charakter hatte das dramatische Spiel gegen die Niederlande. Wolkenbruchartiger Regen und eine schwache Schiedsrichterleistung waren die Begleitumstände dieses Treffens, in dem das Oranje-Team schon 2:0 führte, ehe Britta Becker durch zwei verwandelte Siebenmeter der Ausgleich gelang. Die erneute Führung der Niederländerinnen egalisierte Melanie Cremer in der 55. Minute.
Als sich beide Teams schon mit einem Unentschieden abgefunden hatten, pfiff sechs Minuten vor Schluß die kanadische Schiedsrichterin Helen Lanning Siebenmeter für Holland. Myntje Donners ließ sich die Chance nicht entgehen und verwandelte zum 4:3.

Zu ausgelassener Freude hatte der Niederländer F.J. Bovelander nach dem Schlußpfiff allen Grund.

Eun-Kyung (KOR/Nr. 2) und Katrina Powell (AUS) im Kampf um den Ball

»Oldie« Carsten Fischer (oben) und Britta Becker (darunter) gehörten zu den Aktivposten in ihrer Mannschaft. Der Mediziner Fischer wurde von Bundestrainer Lissek vor den Spielen reaktiviert.

Schwere Regenfälle machten das Halbfinale Deutschland – Niederlande streckenweise zu einem Glücksspiel.

Badminton-Asse aus Asien von einem Dänen düpiert

Ein Badmintonball muß auf Grund der extremen Beanspruchung mehrmals im Spiel ausgewechselt werden.

Mit einer Überraschung endete das olympische Finale im Badminton-Einzel der Herren. Der dreimalige Europameister aus Dänemark, Poul-Erik Hoyer-Larsen, gewann zur Freude seiner Fans olympisches Gold. Er bezwang in einem von Fachleuten nicht erwarteten, erstaunlich einseitigen Match Dong Jiong (CHN) klar mit 15:12 und 15:10. Nach dem letzten Ballwechsel übermannte Hoyer-Larsen das Glück, die ganze Spannung fiel von ihm ab. Auf dem Rücken liegend jubelte er, die geballten Fäuste in die Höhe gereckt, begeistert gefeiert von den Zuschauern. Mit dem Sieg eines Europäers erlitten die erfolgsverwöhnten Spieler aus Asien einen empfindlichen Rückschlag. Südkorea, Indonesien, Malaysia und natürlich China waren seit Jahren die dominierenden Nationen in diesem Sport, der erst 1992 ins olympische Programm aufgenommen wurde.

Spannend verlief das Männer-Doppel, in dem sich die leicht favorisierten Mainaky/Subagja aus Indonesien in drei hart umkämpften Spielen gegen Kit Cheah/Hock Yap aus Malaysia durchsetzten. Die vier Ballartisten demonstrierten in Vollendung, was diesen Sport, der auch bei vielen Freizeitsportlern hoch im Kurs steht, so attraktiv macht: Kraft, Schnelligkeit, herrliche Schmetterbälle, gute Raumaufteilung und ein perfektes Gefühl für den Ball.

Vereinzelt gab es Kritik an der olympischen Wettkampfstätte. Der maximal 5,5 g schwere Federball konnte oftmals nicht kontrolliert über das Netz »gedroschen« werden. Grund für einige »Flatterbälle« war die Klimaanlage der Universität, die stets auf Hochtouren lief. »Der Luftzug kommt von allen Seiten. Beim Gegenwind kriegt man den Ball kaum auf den Boden, bei Rückenwind fliegt er aus dem Feld«, klagte Günter Huber, Sportdirektor des Deutschen Badminton-Verbandes.

Faire Geste – nach dem Spiel gratuliert Dong Jiong (l.) dem neuen Olympiasieger Poul-Erik Hoyer-Larsen.

Rechts: Meisterinnen ihres Fachs – die Chinesinnen Fei Ge (l.) und Jun Gu

Die Koreanerin Bang Soo-Hyun zauberte im Einzel zeitweilig geradezu mit dem Federball.

Poul-Erik Hoyer-Larsen (unten) bereitet sich auf seinen Aufschlag vor.

Links: Das Netz ist das Hindernis, das es zu überwinden gilt – Spielszene aus dem Herren-Doppel-Finale.

Links: Das indonesische Herren-Doppel nach dem letzten Ballwechsel.

Softball-Premiere verläuft ohne Überraschungen

Erwartungsgemäß haben sich die USA die Goldmedaille in einer Sportart geholt, die viele in Europa noch gar nicht richtig wahrgenommen haben und die in Atlanta in den Rang einer olympischen Disziplin erhoben wurde. Die erste Goldmedaille im Softball, einer »weiblichen Variante« des Baseball, holten sich die US-Frauen mit einem 3:1-Sieg über das Team aus China. Bronze ging an Australien. Insgesamt traten acht Mannschaften im Golden Park von Columbus, 172 km südwestlich von Atlanta, an. Ein deutsches Team war nicht dabei.

Am Sieg des US-Teams gab es nie einen Zweifel. Seit Jahren ist das Team um »Pitcher« Michelle Granger und »Infielder« Laura Espinoza ungeschlagen, es gewann die Weltmeisterschaften, die Panamerikanischen Spiele, den Weltcup, den Challenger Cup, den International Cup und und und... Kein Wunder, daß die US-Girls den Wettbewerb nach Belieben dominierten.

Weltweit üben schätzungsweise 120 Millionen Menschen dieses Spiel aus, dagegen »nur« 90 Millionen Baseball. Wie im Baseball besteht jedes Team aus neun Spielerinnen. Die beiden gravierendsten Unterschiede zum Baseball sind ein größerer und leichterer Ball sowie die Regel, daß der Softball nach dem Werfen einmal auf dem Boden aufspringen muß, wodurch das Spiel insgesamt langsamer wird.

Szene aus dem Endspiel zwischen China und den USA. Y. Wang (l.) erwartet ebenso den Ball wie ihre Kontrahentin K. Maher.

D. Richardson (l.) und L. Fernandez demonstrieren nationale Gesinnung.

C

Marlies Waelzer (r.) macht stellvertretend für das ganze deutsche Team eine Bauchlandung.

Die kroatischen Spieler (unten) feiern den Olympiasieg mit einer Polonaise.

Oben: Torhüter Andreas Thiel mußte häufig hinter sich greifen, weil die Abwehr ihn im Stich ließ.

Oben: Christian Schwarzer (M.) versucht sich am Kreis durchzusetzen.

Rechts: Szene aus dem Finale Kroatien gegen Schweden (27:26)

Dänemark besiegt »unbezwingbare« Koreanerinnen

Anja Anderson (Bild Mitte), stärkste dänische Angreiferin, im Spiel gegen Korea.

Heike Murrweis (l., Nr. 8) markiert einen Treffer gegen Angola.

Die haushohen Favoriten stolperten in Atlanta, statt dessen machten Teams das Rennen, die man nicht unbedingt ganz vorne erwartet hatte. Gegen die als unschlagbar geltenden Südkoreanerinnen setzten sich die dänischen Handballerinnen nach Verlängerung mit 37:33 durch. Kroatien gewann bei den Männern gegen den hohen Olympiafavoriten Schweden knapp mit 27:26.

Das Damen-Endspiel war an Dramatik kaum zu überbieten. Südkorea und Dänemark lieferten sich »das beste und schnellste Frauenspiel der letzten Jahre«, wie Südkoreas Trainer Hyung schwärmte. Der Außenseiter Dänemark lag zur Pause noch zurück, kämpfte sich aber in der zweiten Halbzeit heran. Technisch brillant und gestützt auf einen wurfgewaltigen Rückraum trotzten die Däninnen, die erstmals bei Olympia aufliefen, dem Team aus Südkorea ein 29:29 ab – und die Skandinavierinnen vergaben in der Schlußsekunde durch einen vergebenen Siebenmeter sogar die vorzeitige Entscheidung. Die 7000 Zuschauer tobten auf den Rangen, als das Spiel in die Verlängerung ging, in der Dänemark konditionell überlegen war. Anja Andersen jubelte: »Das ist der schönste Tag in meinem Leben. Was heute passiert ist, werde ich erst in ein paar Tagen begreifen können.«

Die Deutschen enttäuschten auf der ganzen Linie. Das Team von Arno Ehret, mit Medaillenambitionen nach Atlanta gereist, verbaute sich in der Vorrunde durch Niederlagen gegen Spanien (20:22) und Ägypten (22:24) das Halbfinale, woraufhin Ehret heftig unter Beschuß geriet.

Den Damen erging es nicht besser: Nach einer deftigen 20:33-Packung gegen Südkorea und der 23:28-Niederlage gegen Norwegen kam auch für sie das frühe Aus.

Kubas Team hält Chinas Ballkünstlerinnen noch auf Distanz

Finale Niederlande gegen Italien: Der Holländer van der Meulen signalisiert seinen Mitspielern die Strategie.

Heiß umkämpft waren die Volleyballwettbewerbe, die seit 1964 olympisch sind. Sie erlebten in Atlanta erstmals Konkurrenz durch Beach-Volleyball, was sich auch im Publikumsandrang bemerkbar machte. Die Begeisterung flaute im übrigen nach dem sensationelle Ausscheiden des gastgebenden Teams ab. Der Olympiasieger von 1984 und 1988 mußte schon in der Vorrunde die Segel streichen. Die US-Frauen kamen wenigstens noch ins Viertelfinale, scheiterten dort aber an Kuba.

Titelverteidiger Kuba stand bei den Damen ein wenig überraschend im Finale, denn nach zwei Niederlagen in der Vorrunde waren die Kubanerinnen nur als Gruppendritte in die nächste Runde eingezogen. Der Ausscheidungsmodus – frühes K.o.-System – machte es möglich, denn die in den Vorrunden erreichten Punkte galten ab dem Viertelfinale nicht mehr. So war es möglich, daß Brasilien, das alle fünf Vorrundenbegegnungen für sich entschieden hatte, schließlich nur um Bronze spielte (3:2 gegen Rußland).
Kuba bestritt also das Finale gegen die Olympiasiegerinnen des Jahres 1984 aus China, die trainiert werden vom Ex-Kapitän des Goldteams aus Los Angeles, Ping Lan, der einzigen Frau in der von männlichen Trainerkollegen dominierten Weltspitze.
Hatten Beobachter den Kubanerinnen 1992 noch Spielvermögen »wie von einem anderen Stern« attestiert, so zeigten sie diesmal Nerven, verloren den ersten Satz nach 32 Minuten 14:16. Symptomatisch für den Verlauf: Bei den Chinesinnen Freude über jeden gewonnenen Ball, bei den Kubanerinnen bitterernste Mienen und böse Worte untereinander, der Zusammenhalt drohte zu zerbrechen.
Ihre relativ geringe Körpergröße – nur vier Spielerinnen messen über 1,85 m – kompensierten die Chinesinnen durch immense Schnelligkeit und nahezu akrobatische Einlagen bei Ballannahme und Zuspielen.
Nicht zuletzt dank der wiedergewonnenen Stärke der seit Jahren weltbesten Angriffsspielerin Mireya Luis lag Weltmeister Kuba im zweiten Durchgang 15:12 vorn – eine insgesamt knappe Führung, denn zu Beginn des Satzes mußte China bereits einen 3:9-Rückstand aufholen.

Schon nach der Vorrunde mußten die Volleyballer aus den USA einpacken. Auf dem Bild eine Szene aus dem Spiel USA – Polen.

Und die chinesische Abwehrmauer gab sich auch trotz des äußerst knappen 17:16 für Kuba im dritten Satz noch immer nicht geschlagen. Statt dessen demonstrierten die Asiatinnen modernen Spielfluß gegenüber dem kubanischen Team, das wie vier Jahre zuvor mit der »Hau-Ruck«-Methode den Erfolg suchte und ihn mit 15:6 im vierten und entscheidenden Satz schließlich auch fand.

Einen Volleyball-Krimi erlebten die Zuschauer auch bei den Herren: Die beiden Teams aus Italien und den Niederlanden spielten wie erwartet um die Goldmedaille. Überraschend der Verlauf: Erst im zweiten Durchgang – nach 15:12 für das Oranje-Team – gingen die zweifachen Welt- und Europameister aus Italien erstmals in Führung. Unterstützt durch Lorenzo Bernardis trickreiches Spiel bliesen die Italiener zu einer fulminanten Aufholjagd, holten sieben Punkte in Folge und gewannen den Satz mit 15:9.
Bester Spieler und Antreiber bei den Niederländern, Silbermedaillengewinner von 1992, wurde in dieser spannenden Phase Ron Zwerver. Ein Mißverständnis im italienischen Angriff nutzte Henk Jan Held zum vorentscheidenden 16:14 im dritten Satz für Holland.
Das auf hohem technischen Niveau stehende Spiel war aber keineswegs entschieden: Die aufschlagstarken Italiener – Andrea Giani stellte mit einer Aufschlaggeschwindigkeit von 111 km/h einen neuen Rekord auf – machten es durch ein 15:9 im vierten Satz noch einmal spannend. Erst im Tie Break des fünften Satzes gewannen die Niederländer schließlich das Match. Minutenlang blieben die enttäuschten Favoriten wie erstarrt am Spielfeldrand sitzen. Ebenso überraschend hatte Jugoslawien im Spiel um Platz drei Ruß-

V.dMEULEN
11
1

land 3:1 besiegt. Eine deutsche Herrenmannschaft war diesmal nicht im olympischen Turnier vertreten.

Für die deutschen Damen um Trainer Sigfried Köhler kam dagegen das Aus erst im Viertelfinale gegen China (0:3). Nachdem die Teilnahme in Atlanta ohnehin schon als Erfolg gewertet worden war, hatte man sich für das Turnier einiges vorgenommen. Nach vielversprechendem Start reichte es schließlich zu Platz acht.

Dem Deutschen Volleyball-Verband steht ein schwieriger Neuanfang bevor, denn unmittelbar nach den vergeblichen Mühen in der Hoffnungsrunde hagelte es Kritik an der mangelhaften Vorbereitung auf das Turnier, kündigten verdiente Spielerinnen wie Grit Naumann und Christina Schultz ihren neuerlichen Rücktritt aus der DVV-Auswahl an. Hauptangreiferin Susanne Lahme verabschiedet sich ebenfalls aus der Nationalmannschaft, sie erhielt in Brasilien einen Vertrag.

Angreiferin Susanne Lahme wird in Zukunft als Profi in Brasilien spielen.

Grund zum Jubeln hatten die Kubanerinnen nach ihrem 3:1 im Finale gegen China.

Kubas Block stand im Finale meist sicher. Hier scheitert die Chinesin Y. Lai an den R. Torres und R. Bell aus Kuba.

Spannende Angriffsaktion im Finale zwischen den Niederlanden und Italien

Barfuß im Sand – Beachvolleyball liegt im Trend

In den USA hat Beachvolleyball bereits eine jahrzehntelange Tradition, in Europa hingegen blühte die Volleyball-Variante am Strand bisher eher im Verborgenen. Dies dürfte sich ändern: Beachvolleyball auf einem Feld in gleicher Größe des Hallenfeldes, doch nur mit zwei Spielern auf 40 cm tiefem Sand, präsentierte sich als aktionreiches Spektakel; schöne Körper im Strand-Wear werteten das Turnier mediengerecht auf. Doch ohne Leistung gab's auch am Strand keine Medaille.
Im Endspiel der Damen trafen vier brasilianische Freundinnen aufeinander. Die frühere Volleyball-Nationalspielerin Jacqui Silva und ihre Partnerin Sandra Pires hatten sich ohne Niederlage dorthin geschmettert, während das Team Adriana Ramos und Monica Rodriguez in der Vorrunde einmal als Verliererinnen das Sand-Viereck verlassen mußten – gegen Silva/Pires. Diese beiden holten in zwei Sätzen auch den Olympiasieg und nahmen damit zugleich die ersten Goldmedaillen für brasilianische Frauen überhaupt mit nach Hause – was in der Heimat gebührend gefeiert wurde.
In dem zum »Topereignis« stilisierten Endspiel der Herren am künstlichen »Strand« im Clayton County International Parc standen sich die beiden US-Teams gegenüber - anfangs bei strömendem Regen, was der Begeisterung auf den Rängen keinen Abbruch tat. Die millionenschweren Profispieler Karch Kiraly und Ken Steffes wurden ihrer Favoritenrolle gerecht und besiegten Mark Dodd und Mike Whitmarsh deutlich 12:5 und 12:8. Der 35jährige »Showman« und Publikumsliebling Kiraly avancierte damit zum erfolgreichsten Volleyballer aller Zeiten, denn bereits bei den Olympischen Spielen 1984 in Los Angeles und 1988 in Seoul hatte er im Team der siegreichen Hallen-Mannschaft gestanden, ehe er an den Strand wechselte.

Setzte die Hoffnungen auf ein gutes Abschneiden in den Sand – Jörg Ahmann

Oben: Adriana Ramos (
und Jacquie Silva am Ne

Die Olympia-
sieger Karch
Kiraly (r.) und
Ken Steffes in
Aktion.

Oben: Sandra Pires (l.) setzt
zum Schmetterball an.

Links: Beate Bühler zeigt
ihrer Partnerin Tanja Müsch
mit Fingerzeichen den
nächsten Spielzug an.

Links: Jacqui Silva (l.) mit
Partnerin Sandra Pires

Links: Feuern sich gegensei-
tig an – Adriana Ramos (l.)
und Monica Rodriguez

Sportlicher Wert litt unter schwachem Teilnehmerfeld

Das Olympische Tennisturnier in der für 20 Millionen Dollar erbauten Betonschüssel im Stone Mountain Park war so recht nach dem Geschmack des amerikanischen Publikums. Drei der vier vergebenen Goldmedaillen blieben im Land, und am Ende stand Andre Agassi mit feuchten Augen auf dem Siegerpodest und gab zu Protokoll: »Ich bin froh, daß ich meine patriotische Pflicht erfüllt habe«. Agassi, der in den vergangenen Monaten nie seine Bestform erreichte, in Wimbledon bereits in der ersten Runde ausgeschieden und in der Weltrangliste auf Platz sieben abgerutscht war, nutzte die Gunst der Stunde zu einem PR-Auftritt. Der Exzentriker fertigte erst den Spanier Sergei Bruguera ohne größere Probleme mit 6:2, 6:3, 6:1 ab, ehe er sich das Sternenbanner um die Schultern schlang und von den Photographen ablichten ließ. Der ausgiebig inszenierte Jubel konnte aber nicht verdecken, daß der sportliche Wert der Goldmedaille in diesem schwach besetzten Turnier begrenzt war.

Aus deutscher Sicht war nur das Abschneiden des Herren-Doppels erwähnenswert. Marc Kevin Goellner und David Prinosil rehabilitierten sich für ihren indikutablen Leistungen in der Einzelkonkurrenz, wo beide schon in der ersten Runde ausgeschieden waren, mit dem Gewinn der Bronzemedaille.

Marc Kevin Goellner (l.) und David Prinosil harmonierten gut miteinander.

Rechts: Andre Agassi präsentiert die Goldmedaille mit nationalem Pathos.

Oben: Die Spanierinnen Conchita Martinez (l.) und Arantxa Sanchez-Vicario gewannen Gold im Frauen-Doppel.

Lindsay Davenport, Überraschungssiegerin in der Einzelkonkurrenz

Spielte trotz Gold mehr schlecht als recht – Andre Agassi.

Nigerias Kicker freuen sich nach dem Schlußpfiff über den Sieg.

Die chinesischen Abwehrspielerinnen bereinigen eine brenzlige Situation.

J. Foudy und J. Fawcett bejubeln die 2:1-Siegtreffer im Finale gegen China.

Bei der Ehrenrunde tragen die Nigerianer Trainer Jo Bonfrere auf den Händen.

Nigeria gibt südamerikanischen Favoriten das Nachsehen

Afrika auf dem Vormarsch: Der 3:2-Sieg Nigerias im olympischen Fußballendspiel gegen Argentinien bewies auch dem letzten Zweifler, daß mit den afrikanischen Teams künftig international zu rechnen sein wird, nachdem Ghana bei den Spielen 1992 bereits eine Bronzemedaille vorgelegt hatte. Das Tor von Emmanuel Amunike in der 89. Minute machte – wenn auch aus klarer Abseitsposition erzielt – den Erfolg perfekt.

Bis zum Schluß lieferten sich die Finalisten vor über 86 000 Zuschauern einen offenen Schlagabtausch – mit dem glücklicheren Ende für die Nigerianer, die damit ihren Landsleuten einen Feiertag bescherten. Die Tageszeitungen in Nigeria berichteten in bunt aufgemachten Sonderseiten von dem »Jahrhundertereignis«.

Nicht zur Siegerehrung erschienen die Brasilianer: Bitter enttäuscht waren die drittplazierten Mitfavoriten sofort nach dem »kleinen Finale« – 5:0 gegen Portugal – vorzeitig abgereist.

Ihr Olympia-Debüt gaben die Frauen: Im Finale standen als klare Favoritinnen die Amerikanerinnen trotz eines 0:0 in der Vorrunde gegen Endspielgegner China: Sie wurden ihrer Rolle mit dem 2:1-Sieg gerecht. Angesichts des »programmierten Unternehmens« Olympiasieg – ein Jahr lang hatten sich die US-Girls professionell vorbereitet – ließ sich auch der Fernsehsender NBC vom plötzlich entfachten Soccer-Fieber anstecken und übertrug weite Teile des spannenden Endspiels live in alle Teile der USA.

Die deutschen Damen hatten das erste Spiel des Premierenturniers zwar 3:2 gegen Japan gewonnen, aber nach zwei anschließenden Niederlagen kam das Aus für die Elf von Trainer Gero Bisanz bereits in der Vorrunde. Weltmeister Norwegen belegte nach einem 2:0 gegen Brasilien Platz drei.

Jay Jay Okacha (l.) tanzt seinen argentinischen Gegenspieler aus.

Spanien gewinnt Kampf um den Ball im nassen Element

Spanien heißt der neue Olympiasieger im Wasserball: In einem spannenden Finale mit Torchancen hüben wie drüben setzte sich das Team am Ende 7:5 gegen Kroatien durch. Nach der Silbermedaille von Barcelona vier Jahre zuvor bedeutete Gold in Atlanta den größten Erfolg für die Mannschaft von der iberischen Halbinsel.

Die unterlegenen Kroaten setzten trotz der Niederlage eine erfolgreiche Wasserball-Tradition fort, die das frühere Jugoslawien 1984 und 1988 zu Olympiasiegen geführt hatte.

Die Spanier als Europameisterschafts-Fünfte des Vorjahres hatte keiner auf der Rechnung, statt dessen wurde Italien, Olympiasieger 1992 und amtierender Weltmeister, als Topfavorit gehandelt; nicht zu vergessen die Ungarn als sechsfache Rekord-Olympiasieger. Die Medaillenkandidaten sprachen zwar ganz oben ein Wörtchen mit – doch nur im Kampf um Bronze. Hier mußte sich Ungarn schließlich den Italienern nach einem dramatischen Spiel mit Verlängerung 18:20 geschlagen geben.

Und die Deutschen? Sie gehörten ohnehin nicht zum engeren Favoritenkreis, allenfalls Außenseiterchancen räumte man dem EM-Dritten von Wien 1995 ein. Nach vier, teilweise knappen Niederlagen in der Vorrunde mußte die Mannschaft von Bundestrainer Nicolae Firoiu, der nach den olympischen Spielen in Seoul 1988 entlassen worden wa, ehe er 1992 zurückkehrte, die Hoffnungen auf das Viertelfinale aufgeben. Trotz guter Leistungen in der Plazierungsrunde, die am Ende Rang 9 einbrachten, müssen die Deutschen zunächst Abschied nehmen von der internationalen Spitze. Weitere mögliche Rücktritte – nach dem des Wasserballers des Jahres Uwe Sterzik – geben perspektivisch auch keinen Anlaß zum Optimismus.

Italiens Torhüter Francesco Attolico fischt den Ball aus dem Toreck. Sein Team belegte am Ende Rang drei.

Unten: Für die deutsche Wasserball-Mannschaft kam das Aus schon in der Vorrunde.

Oben: Der Spanier Jordi Sans (l). zieht hier den kürzeren gegen Kyor Hinic (CRO).

Der Ungarn Frank Toth (r.) und Luca Giustolisi (ITA) im Kampf um den Ball

Links: Die spanischen Wasserballer jubeln nach der Schlußsirene – der Olympiasieg ist geschafft.

Links: Ingo Bergmann (GER) hat in dieser Szene keine Abwehrmöglichkeit.

See You in
Sydney in 2000!

MEDAILLENSPIEGEL

		GOLD	SILBER	BRONZE
1.	USA	44	32	25
2.	Rußland	26	21	16
3.	Deutschland	20	18	27
4.	China	16	22	12
5.	Frankreich	15	7	5
6.	Italien	13	10	12
7.	Australien	9	9	23
8.	Kuba	9	8	8
9.	Ukraine	9	2	12
10.	Südkorea	7	15	5
11.	Polen	7	5	5
12.	Ungarn	7	4	10
13.	Spanien	5	6	6
14.	Rumänien	4	7	9
15.	Niederlande	4	5	10
16.	Griechenland	4	4	0
17.	Tschechien	4	3	4
18.	Schweiz	4	3	0
19.	Türkei	4	1	1
	Dänemark	4	1	1
21.	Kanada	3	11	8
22.	Bulgarien	3	7	5
23.	Japan	3	6	5
24.	Kasachstan	3	4	4
25.	Brasilien	3	3	9
26.	Neuseeland	3	2	1
27.	Südafrika	3	1	1
28.	Irland	3	0	1
29.	Schweden	2	4	2
30.	Norwegen	2	2	3
31.	Belgien	2	2	2
32.	Nigeria	2	1	3
33.	Nordkorea	2	1	2
34.	Äthiopien	2	0	1
	Algerien	2	0	1
36.	Großbritannien	1	8	6
37.	Weißrußland	1	6	8
38.	Kenia	1	4	3
39.	Jamaika	1	3	2
40.	Finnland	1	2	1
41.	Indonesien	1	1	2
	Jugoslawien	1	1	2
43.	Slowakei	1	1	1
	Iran	1	1	1
45.	Armenien	1	1	0
	Kroatien	1	1	0
47.	Portugal	1	0	1
	Thailand	1	0	1
49.	Costa Rica	1	0	0
	Ekuador	1	0	0
	Syrien	1	0	0
	Hong Kong	1	0	0
	Burundi	1	0	0
54.	Argentinien	0	2	1
55.	Slowenien	0	2	0
	Namibia	0	2	0
57.	Österreich	0	1	2
58.	Malaysia	0	1	1
	Moldawien	0	1	1
	Usbekistan	0	1	1
61.	Lettland	0	1	0
	Taiwan	0	1	0
	Sambia	0	1	0
	Aserbeidschan	0	1	0
	Philippinen	0	1	0
	Bahamas	0	1	0
	Tonga	0	1	0
68.	Trinidad/ Tobago	0	0	2
	Georgien	0	0	2
	Marokko	0	0	2
71.	Mexiko	0	0	1
	Mongolei	0	0	1
	Israel	0	0	1
	Mosambik	0	0	1
	Uganda	0	0	1
	Puerto Rico	0	0	1
	Indien	0	0	1
	Litauen	0	0	1
	Tunesien	0	0	1

Leichtathletik

Männer

100 M

1. D. Bailey (CAN)	9,84
2. F. Fredericks (NAM)	9,89
3. A. Boldon (TRI)	9,90
26. M. Blume	10,33

200 M

1. M. Johnson (USA)	19,32
2. F. Fredericks (NAM)	19,68
3. A. Boldon (TRI)	19,80

400 M

1. M. Johnson (USA)	43,49
2. R. Black (GBR)	44,41
3. D. Kamoga (UGA)	44,53

800 M

1. V. Rodal (NOR)	1:42,58
2. H. Sepeng (RSA)	1:42,74
3. F. Onyancha (KEN)	1:42,79
5. N. Motchebon	1:43,91

1500 M

1. N. Morceli (ALG)	3:35,78
2. F. Cacho (ESP)	3:36,40
3. S. Kipkorir (KEN)	3:36,72
53. M. Gottschalk	3:56,72

5000 M

1. V. Niyongabo (BDI)	13:07,96
2. P. Bitok (KEN)	13:08,16
3. K. Boulami (MAR)	13:08,37
4. D. Baumann	13:08,81
14. S. Franke	13:44,64

10 000 M

1. H. Gebrselassie (ETH)	27:07,34
2. P. Tergat (KEN)	27:08,17
3. S. Hissou (MAR)	27:28,59
9. S. Franke	27:59,08

110 M HÜRDEN

1. A. Johnson (USA)	12,95
2. M. Crear (USA)	13,09
3. F. Schwarthoff (GER)	13,17

400 M HÜRDEN

1. D. Adkins (USA)	47,54
2. S. Matete (ZAM)	47,78
3. C. Davis (USA)	47,96

3000 M HINDERNIS

1. J. Keter (KEN)	8:07,12
2. M. Kiptanui (KEN)	8:08,33
3. A. Lambruschini (ITA)	8:11,28
6. S. Brand	8:18,25
10. M. Stroge	8:30,31
24. K. Bauermeister	8:51,83

4 x 100 M

1. CAN	37,69
2. USA	38,05
3. BRA	38,41

4 x 400 M

1. USA	2:55,99
2. GBR	2:56,60
3. JAM	2:29,42
17. GER	3:05,15

20 KM GEHEN

1. J. Perez (ECU)	1:20:07
2. I. Markow (RUS)	1:20:16
3. B. Segura (MEX)	1:20:23
15. N. Daimer	1:23,23
18. R. Ihly	1:23:47
24. A. Erm	1:35:08

50 KM GEHEN

1. R. Korzeniowski (POL)	3:34:30
2. M. Schtschennikow (RUS)	3:34:46
3. V. Massana (ESP)	3:44:19
12. A. Noack	3:51:55
15. T. Wallstab	3:54:48

MARATHON

1. I. Thugwane (RSA)	2:12:36
2. L. Bong-Ju (KOR)	2:12:39
3. E. Wainaina (KEN)	2:12:44
48. K. Dobler	2:21,12

HOCHSPRUNG

1. C. Austin (USA)	2,39
2. A. Partyka (POL)	2,37
3. S. Smith (GBR)	2,35
9. W. Kreissig	2,29

WEITSPRUNG

1. C. Lewis (USA)	8,50
2. J. Beckford	8,29
3. J. Greene (USA)	8,24

DREISPRUNG

1. K. Harrison (USA)	18,09
2. J. Edwards (GBR)	17,88
3. Y. Quesada (CUB)	17,44

STABHOCHSPRUNG

1. J. Galfione (FRA)	5,92
2. I. Trandenkow (RUS)	5,92
3. A. Tiwontschik (GER)	5,92
7. T. Lobinger	5,80
9. M. Stolle	5,70

SPEERWURF

1. J. Zelezny (CZR)	88,16
2. S. Backley (GBR)	87,44
3. S. Räty (FIN)	86,98
4. R. Hecht	86,88
5. B. Henry	85,68
9. P. Blamk	81,82

KUGELSTOSSEN

1. R. Barnes (USA)	21,62
2. J. Godina (USA)	20,79
3. A. Bagatsch (UKR)	20,75
5. O.-S. Buder	20,51
13. D. Urban	19,39
16. M. Mertens	19,07

DISKUS

1. L. Riedel (GER)	69,40
2. W. Dubrowtschik (BLR)	66,60
3. W. Kaptjuch (BLR)	65,80
6. J. Schult	64,42

Leichtathletik

HAMMERWURF

1. B. Kiss (HUN)	81,24
2. L. Deal (USA)	81,12
3. O. Krikun	80,02
5. H. Weis	79,78
14. C. Dethloff	74,60
17. K. Kobs	74,20

ZEHNKAMPF

1. D. O'Brien (USA)	8824
2. F. Busemann (GER)	8706
3. T. Dvorak (CZE)	8664
14. F. Müller	8253
20. D.-A. Pajonk	8045

Frauen

100 M

1. G. Devers (USA)	10,94
2. M. Ottey (JAM)	10,94
3. G. Torrence (USA)	10,96
10. M. Paschke	11,14
17. A. Philipp	11,38
26. S. Lichtenhagen	11,53

200 M

1. M.-J. Perec (FRA)	22,12
2. M. Ottey (JAM)	22,24
3. M. Onyali (NGR)	22,38

400 M

1. M.-J. Perec (FRA)	48,25
2. C. Freeman (AUS)	48,63
3. F. Ogunkoya (NGR)	49,10
8. G. Breuer	50,71

800 M

1. S. Masterkowa (RUS)	1:57,73
2. A. F. Quirot (CUB)	1:58,11
3. M. Mutola (MOZ)	1:58,71

1500 M

1. S. Masterkowa (RUS)	4:00,83
2. G. Szabo (ROM)	4:01,54
3. T. Kiesl (AUT)	4:03,02
15. C. Wüstenhagen	4:11,47
21. S. Kühnemund	4:16,85

5000 M

1. J. Wang (CHN)	14:59,88
2. P. Konga (KEN)	15:03,49
3. R. Brunet (ITA)	15:07,52
7. P. Wassiluk	15:37,73

10 000 M

1. F. Ribeiro (POR)	31:01,63
2. J. Wang (CHN)	31:02,58
3. G. Wami (AUS)	31:06,56
28. K. Weßel	33:31,67

100 M HÜRDEN

1. L. Engquist (SWE)	12,58
2. B. Bukovec (SLO)	12,59
3. P. Gerard-Leno (FRA)	12,65

400 M HÜRDEN

1. D. Hemmings (JAM)	52,82
2. K. Batten (USA)	53,08
3. T. Buford-Bailey (USA)	53,22
5. H. Meissner	54,03
8. S. Rieger	54,57

4 x 100 M

1. USA	41,95
2. BAH	42,14
3. JAM	42,24

4 x 400 M

1. USA	3:20,91
2. NGR	3:21,04
3. GER	3:21,14

10 KM GEHEN

1. J. Nikolajewa (RUS)	41:49
2. E. Perrone (ITA)	42:12
3. Y. Wang (CHN)	42:29
16. K. Boyde	44:50

MARATHON

1. F. Roba (ETH)	2:26:05
2. W. Jegorowa (RUS)	2:28:05
3. Y. Arimori (JPN)	2:28:39
4. K. Dörre-Heinig	2:28:45
8. S. Krolik	2:31:16

HOCHSPRUNG

1. S. Kostadinowa (BUL)	2,05
2. N. Bakogianni (GRE)	2,03
3. I. Babakowa (UKR)	2,01
6. A. Astafei	1,96

WEITSPRUNG

1. C. Ajunwa (NGR)	7,12
2. F. May (ITA)	7,02
3. J. Joyner-Kersee (USA)	7,00

DREISPRUNG

1. I. Krawets (UKR)	15,33
2. I. Lasowskaja (RUS)	14,98
3. S. Kasparkova (CZR)	14,98

SPEERWURF

1. H. Rantanen (FIN)	67,94
2. L. McPaul (AUS)	65,54
3. T. Hattestad (NOR)	64,98
6. K. Fokel	64,18
9. S. Nerius	60,20

KUGELSTOSSEN

1. A. Kumbernuss (GER)	20,56
2. S. Xinmei (CHN)	19,88
3. I. Chudoroschkin (RUS)	19,35
6. S. Storp	19,06
7. K. Neimke	18,92

DISKUS

1. I. Wyludda (GER)	69,66
2. N. Sadowa (RUS)	66,48
3. E. Zwerewa (NOR)	65,64
4. F. Dietzsch	65,48
11. A. Gründler	61,16

SIEBENKAMPF

1. G. Shouaa (SYR)	6780
2. N. Sasanowitsch (BLR)	6563
3. D. Lewis (GBR)	6489
7. Sabine Braun	6371
11. Mona Steigauf	6246
13. Peggy Beer	6234

Schwimmen

Männer

50 M FREISTIL

1.	A. Popow (RUS)	22,12
2.	G. Hall (USA)	22,26
3.	F. Scherer (BRA)	22,29
10.	Bengt Zikarsky	22,73
21.	A. Lüderitz	23,06

100 M FREISTIL

1.	A. Popow (RUS)	48,74
2.	G. Hall (USA)	48,81
3.	G. Borges (BRA)	49,02
10.	C. Tröger	49,90
11.	Björn Zikarsky	49,91

200 M FREISTIL

1.	D. Loader (NZL)	1:47,63
2.	G. Borges (BRA)	1:48,08
3.	D. Kowalski (AUS)	1:48,25
9.	A. Heilmann	1:48,81

400 M FREISTIL

1.	D. Loader (NZL)	3:47,97
2.	P. Palmer (GBR)	3:49,00
3.	D. Kowalski (AUS)	3:52,15
7.	J. Hoffmann	3:52,37
10.	S. Wiese	3:52,37

1500 M FREISTIL

1.	K. Perkins (AUS)	14:56,40
2.	D. Kowalski (AUS)	15:02,43
3.	G. Smith (GBR)	15:02,48
7.	J. Hoffmann	15:18,86
9.	S. Zesner	15:21,65

4 x 100 M FREISTIL

1.	USA	3:15,41
2.	RUS	3:17,06
3.	GER	3:17,20

4 x 200 M FREISTIL

1.	USA	7:14,84
2.	SWE	7:17,56
3.	GER	7:17,71

100 M RÜCKEN

1.	J. Rouse (USA)	54,10
2.	R. Falcon (CUB)	54,98
3.	N. Bent (CUB)	55,02
7.	R. Braun	55,56
14.	S. Theloke	56,63

200 M RÜCKEN

1.	B. Bridgewater (USA)	1:58,54
2.	T. Schwenck (USA)	1:58,99
3.	E. Merisi (ITA)	1:59,18

100 M BRUST

1.	F. Deburghgraeve (BEL)	1:00,65
2.	J. Linn (USA)	1:00,77
3.	M. Warnecke (GER)	1:01,33

200 M BRUST

1.	N. Rosza (HUN)	2:12,57
2.	K. Güttler (HUN)	2:13,03
3.	T. Gillingham (GBR)	2:14,37

100 M SCHMETTERLING

1.	D. Pankratow (RUS)	52,27
2.	S. Miller (AUS)	52,53
3.	W. Kulikow (RUS)	53,13
21.	O. Lampe	54,56

200 M SCHMETTERLING

1.	D. Pankratow (RUS)	1:56,51
2.	T. Malchow (USA)	1:57,44
3.	S. Goodman (AUS)	1:57,48
12.	O. Lampe	2:00,08
16.	C. Bremer	2:01,62

200 M LAGEN

1.	A. Czene (HUN)	1:59,91
2.	J. Sievinen (FIN)	2:00,13
3.	C. Myden (CAN)	2:01,13
9.	C. Keller	2:02,90
12.	S. Theloke	2:03,90

400 M LAGEN

1.	T. Dolan (USA)	4:14,90
2.	E. Namesnik (USA)	4:15,25
3.	C. Myden (CAN)	4:16,28
4.	S. Herbst	4:43,78

4 x 100 M LAGEN

1.	USA	3:34,84
2.	RUS	3:37,55
3.	AUS	3:39,56
4.	GER	3:39,64

KUNSTSPRINGEN 3-M-BRETT

1.	N. Xiong (CHN)	701,46
2.	Z. YU (CHN)	690,93
3.	M. Lenzi (USA)	686,49
7.	J. Hempel	622,32
12.	A. Wels	583,56

TURMSPRINGEN 10-M-BRETT

1.	D. Sautin (RUS)	692,34
2.	J. Hempel (GER)	663,27
3.	H. Yiao (CHN)	658,20
8.	M. Kühne	583,98
12.	R. Frese	503,64

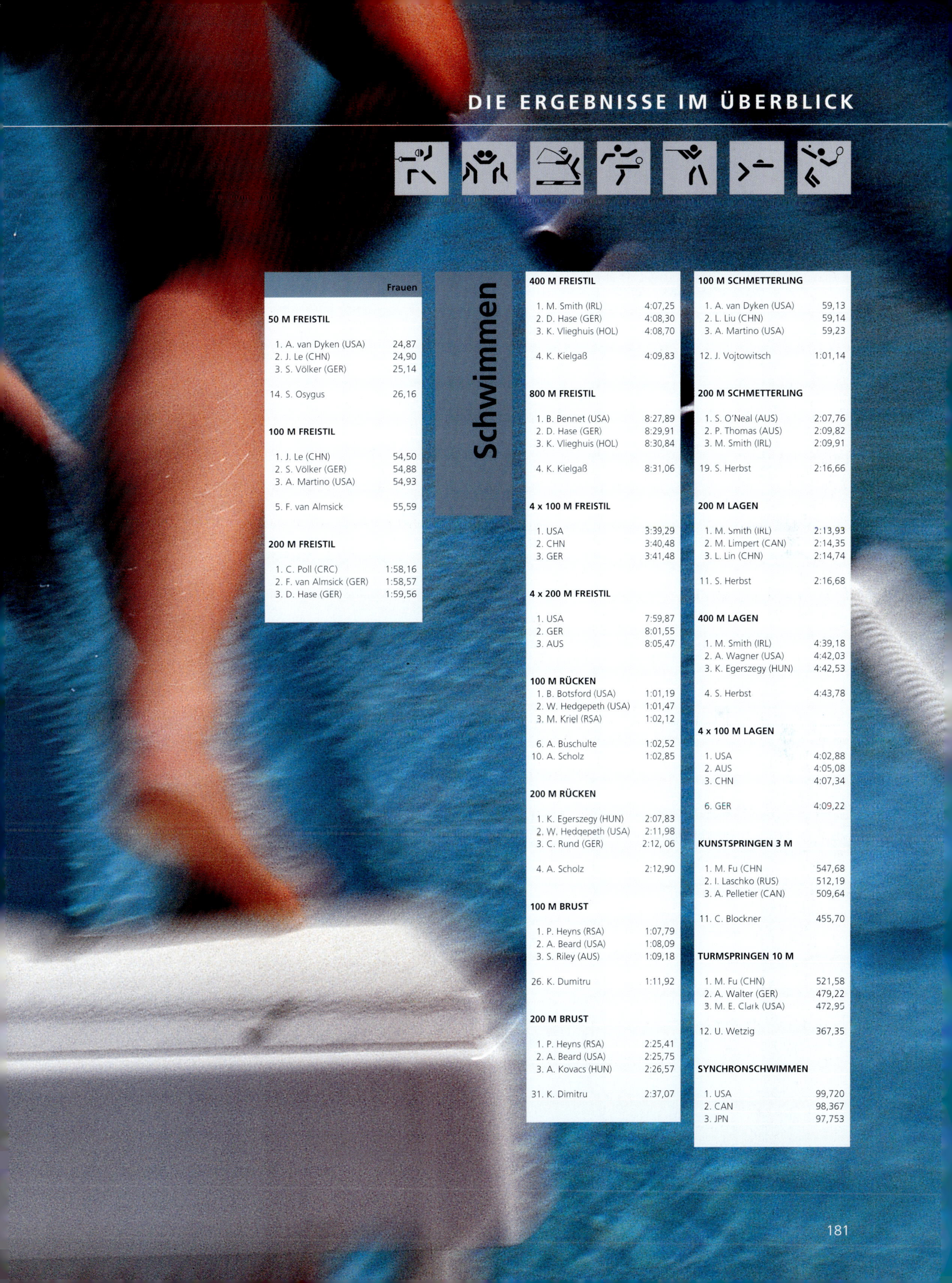

Schwimmen

Frauen

50 M FREISTIL

1.	A. van Dyken (USA)	24,87
2.	J. Le (CHN)	24,90
3.	S. Völker (GER)	25,14
14.	S. Osygus	26,16

100 M FREISTIL

1.	J. Le (CHN)	54,50
2.	S. Völker (GER)	54,88
3.	A. Martino (USA)	54,93
5.	F. van Almsick	55,59

200 M FREISTIL

1.	C. Poll (CRC)	1:58,16
2.	F. van Almsick (GER)	1:58,57
3.	D. Hase (GER)	1:59,56

400 M FREISTIL

1.	M. Smith (IRL)	4:07,25
2.	D. Hase (GER)	4:08,30
3.	K. Vlieghuis (HOL)	4:08,70
4.	K. Kielgaß	4:09,83

800 M FREISTIL

1.	B. Bennet (USA)	8:27,89
2.	D. Hase (GER)	8:29,91
3.	K. Vlieghuis (HOL)	8:30,84
4.	K. Kielgaß	8:31,06

4 x 100 M FREISTIL

1.	USA	3:39,29
2.	CHN	3:40,48
3.	GER	3:41,48

4 x 200 M FREISTIL

1.	USA	7:59,87
2.	GER	8:01,55
3.	AUS	8:05,47

100 M RÜCKEN

1.	B. Botsford (USA)	1:01,19
2.	W. Hedgepeth (USA)	1:01,47
3.	M. Kriel (RSA)	1:02,12
6.	A. Buschulte	1:02,52
10.	A. Scholz	1:02,85

200 M RÜCKEN

1.	K. Egerszegy (HUN)	2:07,83
2.	W. Hedgepeth (USA)	2:11,98
3.	C. Rund (GER)	2:12, 06
4.	A. Scholz	2:12,90

100 M BRUST

1.	P. Heyns (RSA)	1:07,79
2.	A. Beard (USA)	1:08,09
3.	S. Riley (AUS)	1:09,18
26.	K. Dumitru	1:11,92

200 M BRUST

1.	P. Heyns (RSA)	2:25,41
2.	A. Beard (USA)	2:25,75
3.	A. Kovacs (HUN)	2:26,57
31.	K. Dimitru	2:37,07

100 M SCHMETTERLING

1.	A. van Dyken (USA)	59,13
2.	L. Liu (CHN)	59,14
3.	A. Martino (USA)	59,23
12.	J. Vojtowitsch	1:01,14

200 M SCHMETTERLING

1.	S. O'Neal (AUS)	2:07,76
2.	P. Thomas (AUS)	2:09,82
3.	M. Smith (IRL)	2:09,91
19.	S. Herbst	2:16,66

200 M LAGEN

1.	M. Smith (IRL)	2:13,93
2.	M. Limpert (CAN)	2:14,35
3.	L. Lin (CHN)	2:14,74
11.	S. Herbst	2:16,68

400 M LAGEN

1.	M. Smith (IRL)	4:39,18
2.	A. Wagner (USA)	4:42,03
3.	K. Egerszegy (HUN)	4:42,53
4.	S. Herbst	4:43,78

4 x 100 M LAGEN

1.	USA	4:02,88
2.	AUS	4:05,08
3.	CHN	4:07,34
6.	GER	4:09,22

KUNSTSPRINGEN 3 M

1.	M. Fu (CHN	547,68
2.	I. Laschko (RUS)	512,19
3.	A. Pelletier (CAN)	509,64
11.	C. Blockner	455,70

TURMSPRINGEN 10 M

1.	M. Fu (CHN)	521,58
2.	A. Walter (GER)	479,22
3.	M. E. Clark (USA)	472,95
12.	U. Wetzig	367,35

SYNCHRONSCHWIMMEN

1.	USA	99,720
2.	CAN	98,367
3.	JPN	97,753

Rad

Männer

SPRINT

1. J. Fiedler (GER)
2. M. Nothstein (USA)
3. C. Harnett (CAN)

7. E. Pokorny

ZEITFAHREN, 1000 M

1. F. Rouseeau (FRA)	1:02,712
2. E. Hartwell (USA)	1:02,940
3. T. Jumonji (JPN)	1:03,261
4. S. Lausberg	1:03,514

EINZELVERFOLGUNG, 4000 M

1. A. Collinelli (ITA)
2. P. Ermenault (FRA)
3. B. McGee (AUS)

6. H. Szonn

MANNSCHAFTSVERFOLGUNG, 4000 M

1. FRA
2. RUS
3. AUS

9. GER

PUNKTEFAHREN

1. S. Martinello (ITA)	37
2. B. Balton (CAN)	29
3. S. O'Grady (AUS)	25
10. G. Fulst	17

STRASSENRENNEN

1. P. Richard (SUI)	4:53:56
2. R. Sörensen (DEN)	
3. M. Sciandri (GBR)	
16. O. Ludwig	
20. E. Zabel	
28. R. Aldag	

EINZELZEITFAHREN 52 KM

1. M. Indurain (ESP)	1:04:05
2. A. Olano (ESP)	1:04:17
3. C. Boardman	1:04:36
10. M. Rich	1:07:08
12. U. Peschel	1:07:33

MOUNTAINBIKE, CROSS-COUNTRY

1. B. J. Brentjens (NED)	2:17,37
2. T. Frischknecht (SUI)	
3. M. Martinez (FRA)	
10. R. Berner	

Frauen

SPRINT

1. F. Balanger (FRA)
2. M. Ferris (AUS)
3. I. Haringa (NED)

EINZELVERFOLGUNG, 3000 M

1. A. Bellutti (ITA)
2. M. Clignet (FRA)
3. J. Arndt (GER)

PUNKTEFAHREN

1. N. Lancien (FRA)
2. I. Haringa (NED)
3. L. Tyler-Sherman (AUS)

STRASSENRENNEN

1. J. Longo (FRA)	2:36:13
2. I. Chiappa (ITA)	2:36:38
3. C. Hughes (CAN)	2:36:44
4. V. Hohlfeld	2:37:06

EINZELZEITFAHREN 25 KM

1. S. Sabirowa (RUS)	36:40
2. J. Longo-Ciprelli (FRA)	37:00
3. C. Hughes (CAN)	37:13

MOUNTAINBIKE, CROSS-COUNTRY

1. P. Pezzo (ITA)	1:50:50
2. A. Sydor (CAN)	
3. S. DeMattei (USA)	

Reiten

SPRINGREITEN, EINZEL

1. U. Kirchhoff (GER)	1,00
2. W. Melliger (SUI)	4,00
3. A. Ledermann (FRA)	4,00
20. L. Nieberg	16,00

SPRINGREITEN, MANNSCHAFT

1. GER	1,75
2. USA	12,00
3. BRA	17,25

DRESSUR, EINZEL

1. I. Werth (GER)	235,09
2. A. van Grunsven (NED)	233,02
3. S. Rothenberger (NED)	224,94
4. M. Theodorescu	224,56
6. K. Balkenhol	221,81
9. M. Schaudt	212,75

DRESSUR, MANNSCHAFT

1. GER	5553
2. NED	5437
3. USA	5309

MILITARY, EINZEL

1. B. Tait (NZL)	56,80
2. S. Clark (NZL)	60,40
3. K. Millikin (USA)	73,70
7. H. van Paepke	87,20
16. H. Blocker	160,10

MILITARY, MANNSCHAFT

1. AUS	203,85
2. USA	261,10
3. NZL	268,55
9. GER	1204,15

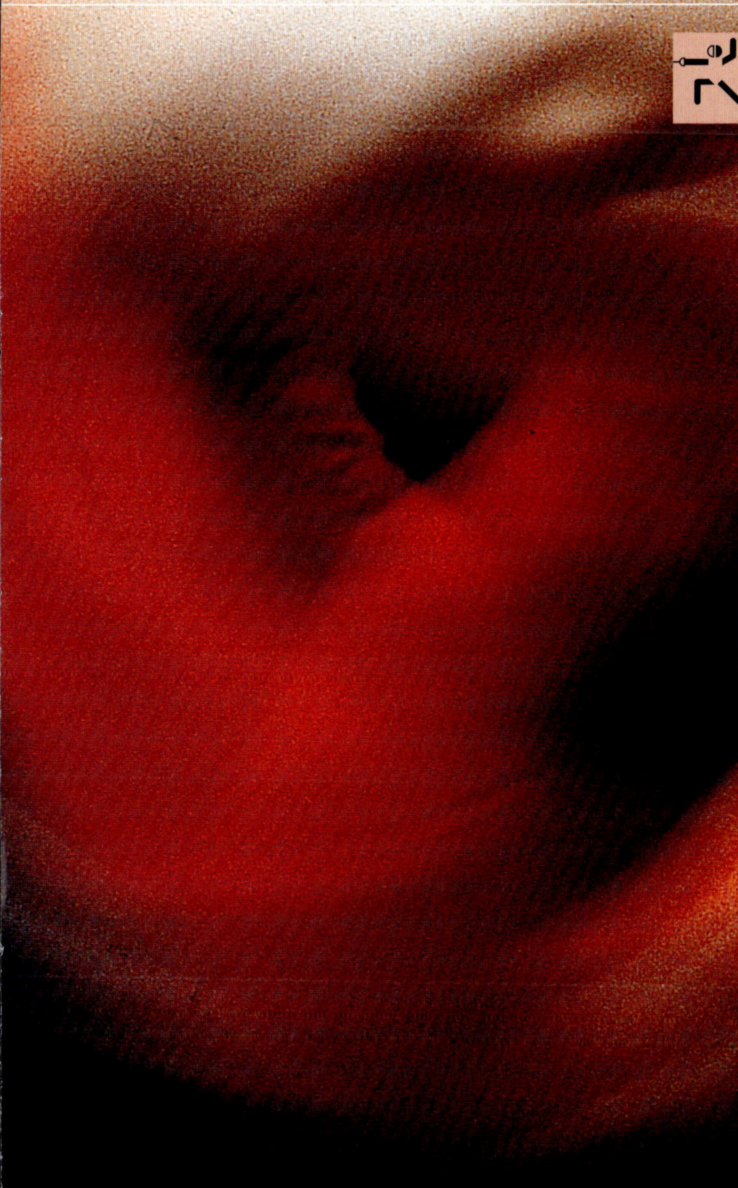

Turnen

Männer

BODEN

1. I. Melissanidis (GRE)	9,850
2. X. Li (CHN)	9,837
3. A. Nemow (RUS)	9,800

RINGE

1. Y. Chechi (ITA)	9,887
2. D. Burinca (ROM	9,812
3. S. Csollany (HUN)	9,812
4. A. Wecker	9,762

RECK

1. A. Wecker (GER)	9,850
2. K. Dounev (BUL)	9,825
3. A. Nemow (RUS)	9,800
3. W. Scherbo	9,800
F. Bin (CHN)	9,800

BARREN

1. R. Scharipow (UKR)	9,825
2. J. Lynch (USA)	9,825
3. W. Scherbo (BLR)	9,800

SEITPFERD

1. D. Li (SUI)	9,875
2. M. Urzica (ROM)	9,825
3. A. Nemow (RUS)	9,787

PFERDSPRUNG

1. A. Nemow (RUS)	9,787
2. Y. Hong-Chui (KOR)	9,756
3. W. Scherbo (BLR)	9,724

MEHRKAMPF, EINZEL

1. X. Li (CHN)	58,423
2. A. Nemow (RUS)	58,374
3. W. Scherbo (BLR)	58,197
6. W. Belenki	57,848
13. A. Wecker	57,412
23. J.-P. Nikiferow	56,824

MEHRKAMPF, MANNSCHAFT

1. RUS	576,778
2. CHN	575,539
3. UKR	571,541
7. GER	567,405

Frauen

BODEN

1. L. Podkopajewa (UKR)	9,887
2. S. Amanar (ROM)	9,850
3. D. Dawes	9,837

SCHWEBEBALKEN

1. S. Miller (USA)	9,862
2. L. Podkopajewa (UKR)	9,825
3. G. Gogean (ROM)	9,787

STUFENBARREN

1. S. Schorkina (RUS)	9,850
2. A. Chow (USA)	9,837
3. W. Bi (CHN)	9,837

PFERDSPRUNG

1. S. Amanar (ROM)	9,825
2. M. Huilan (CHN)	9,768
3. G. Gogean (ROM)	9,750

MEHRKAMPF, EINZEL

1. L. Podkopajewa (UKR)	39,255
2. G. Gogean (ROM)	39,075
3. L. Milosovici (ROM)	39,067
3. S. Amanar (ROM)	39,067

MEHRKAMPF, MANNSCHAFT

1. USA	389,225
2. RUS	388,404
3. ROM	388,246

RHYTHM. SPORTGYMNASTIK EINZEL

1. E. Serebrianskaja (UKR)	39,683
2. J. Batirschina (RUS)	39,382
3. E. Witrischenko (UKR)	39,331
10. M. Brzeska	38,315

RHYTHM. SPORTGYMNASTIK MANNSCHAFT

1. ESP	38,933
2. BUL	38,866
3. RUS	38,432
8. GER	37,882

Rudern

Männer

EINER

1. X. Müller (SUI)	6:44,85
2. D. Porter (CAN)	6:47,45
3. T. Lange (GER)	6:47,72

ZWEIER OHNE

1. GBR	6:20,09
2. AUS	6:21,02
3. FRA	6:22,15
15. GER	

DOPPELZWEIER

1. ITA	6:16,98
2. NOR	6:18,42
3. FRA	6:19,85
6. GER	6:29,31

DOPPELZWEIER, LEICHTGEWICHT

1. SUI	6:23,47
2. NED	6:26,48
3. AUS	6:26,69
11. GER	6:30,43

VIERER OHNE

1. AUS	6:06,37
2. FRA	6:07,03
3. GBR	6:07,28
9. GER	6:19,06

VIERER OHNE, LEICHTGEWICHT

1. DEN	6:09,58
2. CAN	6:10,13
3. USA	6:12,29
5. GER	6:14,79

DOPPELVIERER

1. GER	5:56,93
2. USA	5:59,10
3. AUS	6:01,65

ACHTER

1. NED	5:42,74
2. GER	5:44,58
3. RUS	5:45,77

Frauen

EINER

1. Schodotowitsch (BLR)	7:32,21
2. S. Laumann (CAN)	7:35,15
3. T. Hansen (DEN)	7:37,10
13. M. Evers	

ZWEIER OHNE

1. AUS	7:01,39
2. USA	7:01,78
3. FRA	7:03,82

DOPPELZWEIER

1. CAN	6:56,84
2. CHN	6:58,35
3. NED	6:58,72
5. GER	7:04,14

DOPPELZWEIER, LEICHTGEWICHT

1. ROM	7:12,78
2. USA	7:14,65
3. AUS	7:16,56
8. GER	7:04,31

DOPPELVIERER

1. GER	6:27,44
2. UKR	6:30,36
3. CAN	6:30,38

ACHTER

1. ROM	6:19,73
2. CAN	6:24,05
3. BLR	6:24,44
8. GER	6:17,73

Kanu

Männer

1ER KAJAK 500 M

1. A. Rossi (ITA)	1:37,42
2. K. Holmann (NOR)	1:38,33
3. P. Markiewicz (POL)	1:38,61
5. L. Liwoski	1:39,30

1ER KAJAK 1000 M

1. K. Holmann (NOR)	3:25,78
2. B. Bonomi (ITA)	3:27,07
3. C. Robinson (AUS)	3:29,71
4. L. Liwowski	3:30,02

2ER KAJAK 500 M

1. K. Bluhm/T. Gutsche (GER)	1:28,69
2. B. Bonomi/D. Scarpa (ITA)	1:28,72
3. D. Collins/A. Trim (AUS)	1:29,40

2ER KAJAK 1000 M

1. A. Rossi/D. Scarpa (ITA)	3:09,19
2. K. Bluhm/T. Gutsche (GER)	3:10,51
3. A. Duschew/M. Rasanow (BUL)	3:11,20

4ER KAJAK 1000 M

1. GER	2:51,52
2. HUN	2:53,18
3. RUS	2:53,99

1ER CANADIER 500 M

1. M. Doktor (CZE)	1:49,93
2. S. Knazovicky (SVK)	1:50,51
3. I. Pulai (HUN)	1:50,75
5. T. Zereske	1:52,35

1ER CANADIER 1000 M

1. M. Doktor (CZE)	3:54,41
2. I. Klementjew (LAT)	3:54,95
3. G. Zala (HUN)	3:56,36
4. P. Schulze	3:57,77

2ER CANADIER — 500 M

1. C. Horvath/G. Kolonics (HUN)	1:40,42
2. N. Shurawski/V. Reneiski (MDA)	1:40,45
3. G. Andriev/G. Obreja (ROM)	1:41,33
4. A. Dittmer/G. Kirchbach	1:41,76

2ER CANADIER — 1000 M

1. A. Dittmer/G. Kirchbach (GER)	3:31,87
2. M. Glavan/A. Borsan (ROM)	3:32,29
3. G. Kolonics/C. Horvath (HUN)	3:32,51

1ER KAJAK — SLALOM

1. O. Fix (GER)	141,22
2. A. Vehovar (SLO)	141,65
3. T. Becker (GER)	142,79
8. J. Lettmann	145,99

1ER CANADIER — SLALOM

1. M. Martikan (SVK)	151,03
2. L. Pollert (CZE)	151,17
3. P. Estanquet (FRA)	152,84
7. M. Lang	159,91
12. V. Husek	164,29
17. S. Kaufmann	168,43

2ER CANADIER — SLALOM

1. F. Adisson/W. Forques (FRA)	158,82
2. J. Rohan/M. Simek (CZE)	160,16
3. A. Ehrenberg/M. Senft (GER)	163,72
4. M. Berro/M. Trummer	163,72

Frauen

1ER KAJAK — 500 M

1. R. Koban (HUN)	1:47,65
2. C. Brunet (CAN)	1:47,89
3. J. Idem (ITA)	1:48,73
4. B. Fischer	1:49,38

2ER KAJAK — 500 M

1. A. Andersson/ S. Gunnarsson (SWE)	1:39,32
2. R. Portwich/B. Fischer (GER)	1:39,68
3. K. Borchert/A. Wodd (AUS)	1:52,45

4ER KAJAK — 500 M

1. GER	1:31,07
2. SUI	1:32,70
3. SWE	1:32,91

1ER KAJAK — SLALOM

1. S. Hilgertova (CZE)	169,49
2. D. Chladek (USA)	169,49
3. M. Fox-Jerusalem (FRA)	171,00
10. E. Micheler-Jones	176,56
11. K. Striepecke	176,98

Segeln/Surfen

Männer

470ER KLASSE

1. J. Braslawets/ I. Matwijenko (UKR)	40
2. J. Merricks/I. Walker (GBR)	61
3. N. Barreto/V. Rocha (POR)	62
12. R.Rensch/T. Haverland	105

FINN-DINGHY

1. M. Kusznierewitz (POL)	32
2. S. Godefroid (BEL)	45
3. R. Heiner (NED)	50
20. M. Fellmann	121

MISTRAL SURFEN

1. N. Kaklamanakis (GRE)	17
2. C. Espinola (ARG)	19
3. G. Fridmann (ISR)	21
10. Matthias Bornhäuer	60

SOLING

1. J. Schümann/T. Flach/ B. Jäkel (GER)
2. G. Schaiduko/I. Skalin/ D. Schabanow (RUS)
3. J. Madrigal/J. Barton/ K. Massey (USA)

STARBOOT

1. T. Grael/M. Ferreira (BRA)	25
2. H. Wallen/B. Lohse (SWE)	29
3. C. Beashel/D. Giles (AUS)	32
10. F. Butzmann/K. Falkenthal	66

LASER

1. R. Scheid (BRA)	26
2. B. Ainslie (GBR)	37
3. P. Moberg (NOR)	46
4. S. Wakalla	54

TORNADO

1. F. Leon/J.L. Ballester (ESP)	30
2. M. Booth/ A. Landenberger (AUS)	42
3. L. Grael/K. Pellicano (BRA)	43
7. R. Gäbler/F. Parlow	48

Frauen

470 KLASSE

1. Th.Zabell/ B.V. Dufresne (ESP)	25
2. Y. Shige/A. Kinoshita (JPN)	36
3. R. Taran/E. Pakolschik (UKR)	38
5. S. Bauckholt/K. Adelhofer	49

EUROPE

1. K. Roug (DEN)	24
2. M. Matthijsse (NED)	30
3. C. Becker-Dey (USA)	39
6. S. Powarczynski	75

MISTRAL-SURFEN

1. L.S. Lee (HKG)	16
2. B. Kendall (NZL)	24
3. A. Sensini (ITA)	28

Boxen

HALBFLIEGENGEWICHT – 48 KG

1. D. Petrow (BUL)
2. M. Velasco (PHI)
3. O. Kirjuschin (UKR)

FLIEGENGEWICHT – 51 KG

1. M. Romero (CUB)
2. B. Schumadilow (KAZ)
3. A. Pakeew (RUS)
   Z. Lunka (GER)

BANTAMGEWICHT –54 KG

1. I. Kovacs (HUN)
2. A. Mesa (CUB)
3. R. Malachbekow (RUS)
   V. Khadpo (THA)

FEDERGEWICHT – 57 KG

1. S. Kamsing (THA)
2. S. Todorow (BUL)
3. F. Mayweather (USA)
   P. Chacon (AGR)

5. F. Huste

LEICHTGEWICHT – 60 KG

1. H. Soltani (ALG)
2. T. Tontschew (BUL)
3. T. Cauthen (USA)
   L. Doroftei (ROM)

HALBWELTERGEWICHT – 63,5 KG

1. H. Vinent (CUB)
2. O. Urkal (GER)
3. F. Missaoui (TUN)
   B. Niazymbetow (KAZ)

WELTERGEWICHT – 67 KG

1. O. Saitow (RUS)
2. J. Hernandez (CUB)
3. M. Simion (ROM)
   D. Santos (PUR)

HALBMITTELGEWICHT – 71 KG

1. D. Reid (USA)
2. A. Duvergel (CUB)
3. K. Tulaganow (UZB)
   E. Ibraimow (KAZ)

MITTELGEWICHT – 75 KG

1. A. Hernandez (CUB)
2. M. Beyleroglu (TUR)
3. M. Bahari (ALG)
   R. Wells (USA)

HALBSCHWERGEWICHT – 81 KG

1. W. Schirow (KAZ)
2. Seung-Bae Lee (KOR)
3. T.Ulrich (GER)
   A. Tarver (USA)

SCHWERGEWICHT – 91 KG

1. F. Savon (CUB)
2. D. Defiagbon (CAN)
3. L. Krasniqi (GER)
   N. Jones (USA)

SUPERSCHWERGEWICHT + 91 KG

1. W. Klitschko (UKR)
2. P. Wolfgram (TGA)
3. A. Lezin (RUS)
   D. Dokiwari (NRG)

5. R. Monse

Judo

Männer

SUPERLEICHTGEWICHT – 60 KG

1. T. Nomura (JPN)
2. G. Giovinazzo (ITA)
3. R. Trautmann (GER)
   D. Narmandakh (MGL)

HALBLEICHTGEWICHT – 65 KG

1. U. Quellmalz (GER)
2. Y. Nakamura (JPN)
3. H. Guimaraes (BRA)
   I. Hernandez Plaza (CUB)

LEICHTGEWICHT – 71 KG

1. K. Nakamura (JPN)
2. D.-S. Kwak (KOR)
3. C. Gagliano (FRA)
   J. Pedro (USA)

7. M. Schmidt

HALBMITTELGEWICHT – 78 KG

1. D. Bouras (FRA)
2. T. Koga (JPN)
3. I. Chul Cho (KOR)
   S. Liparteliani (GEO)

5. S. Dott

MITTELGEWICHT – 86 KG

1. J. Ki-Young (KOR)
2. A. Bagdasarow (UZB)
3. M. Spittka (GER)
   M. Huizinga (NED)

HALBSCHWERGEWICHT – 95 KG

1. P. Nastula (POL)
2. S.-M. Kim (KOR)
3. M. A. Fernandes (BRA)
   S. Traineau (FRA)

SCHWERGEWICHT + 95 KG

1. D. Douillet (FRA)
2. E. Perez (ESP)
3. F. Möller (GER)
   H. van Barneveld (BEL)

Frauen

SUPERLEICHTGEWICHT – 48 KG

1. S. Kye (PRK)
2. R. Tamura (JPN)
3. A. Savon (CUB)
3. Y. Soler (ESP)

HALBLEICHTGEWICHT – 52 KG

1. M.-C. Restoux (FRA)
2. S.-H. Hyum (KOR)
3. N. Sugawara (JPN)
   L. Verdecia (CUB)

LEICHTGEWICHT – 56 KG

1. D. Gonzales (CUB)
2. S.-J. Jung (KOR)
3. M. Lomba (BEL)
   I. Fernandez (ESP)

HALBMITTELGEWICHT – 61 KG

1. Y. Emoto (JPN)
2. G. Vandecaveye (BEL)
3. J. Gal (NED)
   S.-S. Jung (KOR)

MITTELGEWICHT – 66 KG

1. C. Min-Sun (KOR)
2. A. Szczepanska (POL)
3. C. Zwiers (NED)
   X. Wang (CHN)

HALBSCHWERGEWICHT – 72 KG

1. U. Werbrouck (BEL)
2. Y. Tanabe (JPN)
3. Y. Scapin (ITA)
   D. Luna (CUB)

7. H. Ertel

Schwergewicht + 72 kg

1. S. Fuming (CHN)
2. E. Rodriguez (CUB)
3. J. Hagn (GER)
   C. Cicot (FRA)

Gewichtheben

FLIEGENGEWICHT – 54 KG

1. H. Mutlu (TUR)	287,5
2. X. Zhang (CHN)	280,0
3. S. Mintschew (BUL)	277,5

BANTAMGEWICHT – 59 KG

1. N. Tang (CHN)	307,5
2. C. Sabanis (GRE)	305,0
3. N. Peschalow (BUL)	302,5

FEDERGEWICHT – 64 KG

1. N. Suleymanoglu (TUR)	335,0
2. N. Leonidi (GRE)	332,5
3. J. Xiao (CHN)	322,5

LEICHTGEWICHT – 70 KG

1. X. Zhang (CHN)	357,5
2. L. Myong Kim (PRK)	345,0
3. A. Feri (HUN)	340,0
10. A. Behm	327,5

MITTELGEWICHT – 76 KG

1. P. Lara (CUB)	376,5
2. J. Jotow (BUL)	360,0
3. C. Jon (PRK)	357,5
6. I. Steinhöfel	347,5
10. A. Poitschke	335,0

LEICHTSCHWERGEWICHT – 83 KG

1. P. Dimas (GRE)	392,5
2. M. Huster (GER)	382,5
3. A. Cofalik (POL)	372,5

MITTELSCHWERGEWICHT – 91 KG

1. A. Petrow (RUS)	402,5
2. L. Kokas (GRE)	390,0
3. O. Caruso (GER)	390,0

1. SCHWERGEWICHT – 99 KG

1. A. Kakhiashvilis (GRE)	420,0
2. A. Chrapati (KAZ)	410,0
3. D. Gotfrid (UKR)	402,5
7. I. Sadykov	385,0

2. SCHWERGEWICHT – 108 KG

1. T. Taimazow (UKR)	430,0
2. S. Sirzow	420,0
3. N. Vlad (ROM)	420,0
9. M. Kalinke	390,0

3. SCHWERGEWICHT + 108 KG

1. A. Chemerkin (RUS)	457,5
2. R. Weller (GER)	455,0
3. S. Botev (AUS)	450,0
6. M. Nerlinger	422,5

Ringen

griechisch-römisch

HALBFLIEGENGEWICHT – 48 KG

1. K.-H. Sim (KOR)
2. A. Pawlow (BLR)
3. Y. Kang (PRK)

11. O. Kutscherenko

FLIEGENGEWICHT – 52 KG

1. A. Nasarian (ARM)
2. B. Paulson (USA)
3. A. Kalaschnikow

BANTAMGEWICHT – 57 KG

1. I. Melnitschenko (KAZ)
2. D. Hall jr. (USA)
3. Z. Sheng (CHN)

5. R. Yildiz

FEDERGEWICHT – 62 KG

1. W. Zawadski (POL)
2. J. Maren (CUB)
3. M. Pirim (TUR)

9. A. Termkrtchyan

LEICHTGEWICHT – 68 KG

1. R. Wolny (POL)
2. G. Yalouz (FRA)
3. A. Tretjakow (RUS)

WELTERGEWICHT – 74 KG

1. F. Ascuy (CUB)
2. M. Asell (FIN)
3. J. Tracz (POL)

4. E. Hahn

MITTELGEWICHT – 82 KG

1. H. Yerlikaya (TUR)
2. Th. Zander (GER)
3. W. Tsilent (BLR)

HALBSCHWERGEWICHT – 90 KG

1. W. Oleynik (UKR)
2. J. Fafinski (POL)
3. M. Bullmann (GER)

SCHWERGEWICHT – 100 KG

1. A. Wronski (POL)
2. S. Lischtwan (BLR)
3. M. Ljungberg (SWE)

SUPERSCHWERGEWICHT – 130 KG

1. A. Karelin (RUS)
2. S. Gaffari (USA)
3. S. Mureiko (MDA)

6. R. Schiekel

Freistil

HALBFLIEGENGEWICHT – 48 KG

1. I. Kim (PRK)
2. A. Mkrytschan (ARM)
3. A. Vila (CUB)

FLIEGENGEWICHT – 52 KG

1. W. Jordanow (BUL)
2. N. Abdullajew (AZE)
3. M. Mamyrow (KAZ)

BANTAMGEWICHT – 57 KG

1. K. Cross (USA)
2. G. Sissaouri (CAN)
3. S.R. Yong (PRK)

FEDERGEWICHT – 62 KG

1. T. Brands (USA)
2. J. Jae-Sung (KOR)
3. E. Tedejew (UKR)

LEICHTGEWICHT – 68 KG

1. W. Bogijew (RUS)
2. T. Sounders (USA)
3. Z. Zazirow (UKR)

WELTERGEWICHT – 74 KG

1. B. Sajtijew (RUS)
2. P. Jang-Soon (KOR)
3. T. Ota (JPN)

5. A. Leipold

MITTELGEWICHT – 82 KG

1. Sch. Magomedow (RUS)
2. H.-M. Yang (KOR)
3. A. Khadem (IRI)

HALBSCHWERGEWICHT – 90 KG

1. R. Khadem (IRI)
2. M. Chadarsew
3. E. Kurtanidse

SCHWERGEWICHT – 100 KG

1. K. Angle (USA)
2. A. Jadidi (IRI)
3. A. Sabejew (GER)

SUPERSCHWERGEWICHT – 130 KG

1. M. Demir (TUR)
2. A. Medwedew (BLR)
3. B. Baumgartner (USA)

6. S. Thiele

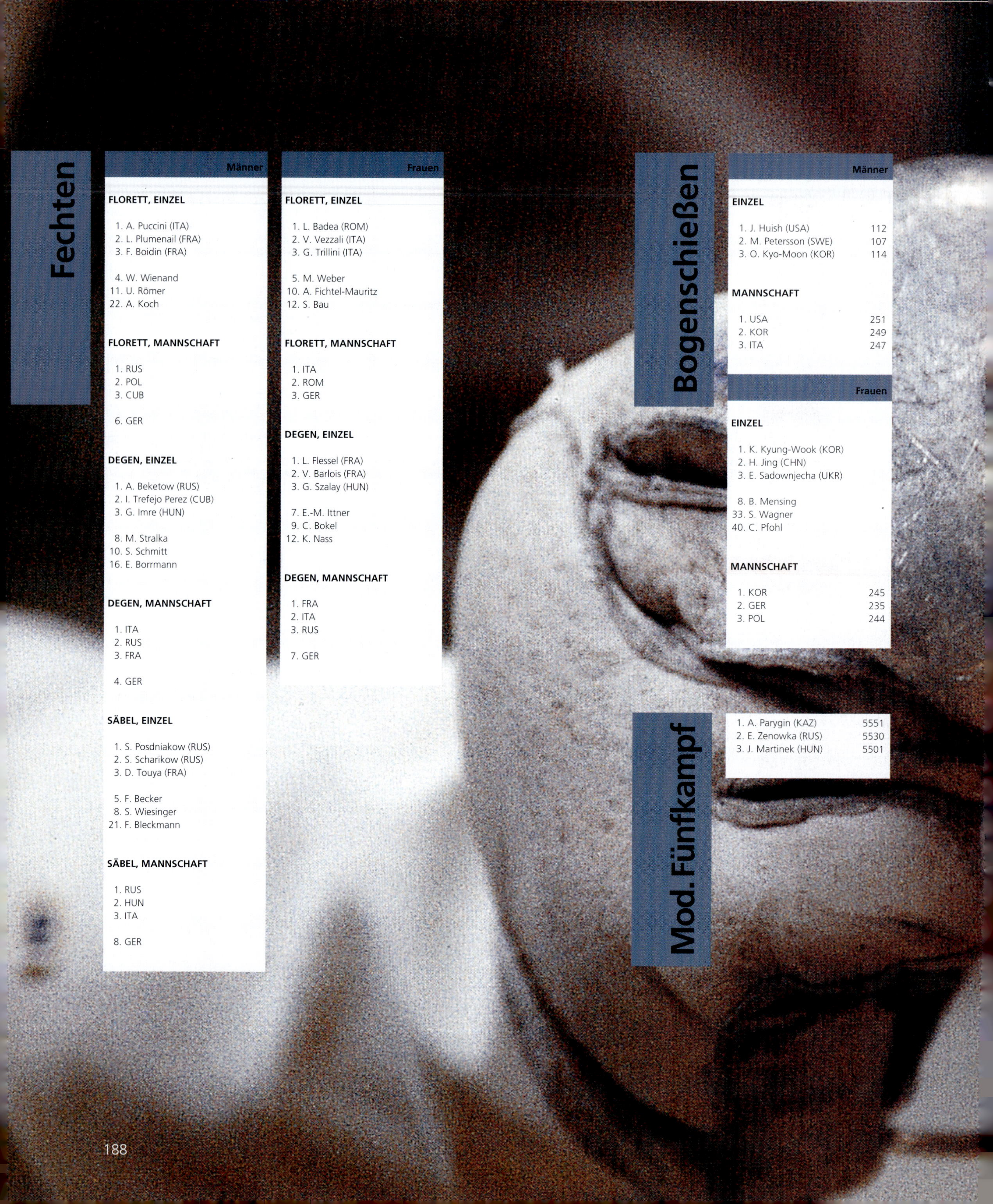

Fechten

Männer

FLORETT, EINZEL

1. A. Puccini (ITA)
2. L. Plumenail (FRA)
3. F. Boidin (FRA)

4. W. Wienand
11. U. Römer
22. A. Koch

FLORETT, MANNSCHAFT

1. RUS
2. POL
3. CUB

6. GER

DEGEN, EINZEL

1. A. Beketow (RUS)
2. I. Trefejo Perez (CUB)
3. G. Imre (HUN)

8. M. Stralka
10. S. Schmitt
16. E. Borrmann

DEGEN, MANNSCHAFT

1. ITA
2. RUS
3. FRA

4. GER

SÄBEL, EINZEL

1. S. Posdniakow (RUS)
2. S. Scharikow (RUS)
3. D. Touya (FRA)

5. F. Becker
8. S. Wiesinger
21. F. Bleckmann

SÄBEL, MANNSCHAFT

1. RUS
2. HUN
3. ITA

8. GER

Frauen

FLORETT, EINZEL

1. L. Badea (ROM)
2. V. Vezzali (ITA)
3. G. Trillini (ITA)

5. M. Weber
10. A. Fichtel-Mauritz
12. S. Bau

FLORETT, MANNSCHAFT

1. ITA
2. ROM
3. GER

DEGEN, EINZEL

1. L. Flessel (FRA)
2. V. Barlois (FRA)
3. G. Szalay (HUN)

7. E.-M. Ittner
9. C. Bokel
12. K. Nass

DEGEN, MANNSCHAFT

1. FRA
2. ITA
3. RUS

7. GER

Bogenschießen

Männer

EINZEL

1. J. Huish (USA)	112
2. M. Petersson (SWE)	107
3. O. Kyo-Moon (KOR)	114

MANNSCHAFT

1. USA	251
2. KOR	249
3. ITA	247

Frauen

EINZEL

1. K. Kyung-Wook (KOR)
2. H. Jing (CHN)
3. E. Sadownjecha (UKR)

8. B. Mensing
33. S. Wagner
40. C. Pfohl

MANNSCHAFT

1. KOR	245
2. GER	235
3. POL	244

Mod. Fünfkampf

1. A. Parygin (KAZ)	5551
2. E. Zenowka (RUS)	5530
3. J. Martinek (HUN)	5501

Schießen

Männer

KK LIEGEND

1. C. Klees (GER)	704,8
2. S. Beliajew (KAZ)	703,3
3. J. Gonci (SLO)	701,9
11. B. Rücker	595,0

KK-DREISTELLUNGSKAMPF

1. J.-P. Amat (FRA)	1273,9
2. S. Beliajew (KAZ)	1272,3
3. W. Waibel (AUT)	1269,6
10. JM. Eckhardt	1165,0
37. C. Klees	1155

SCHNELLFEUERPISTOLE

1. R. Schumann (GER)	698,0
2. E. Milew (BUL)	692,1
3. W. Wochmjanin (KAZ)	691,5
8. D. Leonhard	683,6

FREIE PISTOLE

1. B. Kokorew (RUS)	666,4
2. K. Lukaschik (BLR)	662,0
3. R. di Donna (ITA)	661,8
35. H.-J. Neumeier	549,0
37. A. Gevorgian	548,0

LUFTPISTOLE

1. R. di Donna (ITA)	684,2
2. W. Yifu (CHN)	684,1
3. T. Kiriakow (BUL)	683,8
9. A. Gevorgian	
9. H.-J. Neumeier	

LUFTGEWEHR

1. A. Chadschibekow (RUS)	695,7
2. W. Waibel (AUT)	695,2
3. J.-P. Amat (FRA)	693,1
9. M. Eckardt	591,0
18. J. Riederer	588,0

LAUFENDE SCHEIBE

1. L. Yang (CHN)	685,8
2. J. Xiao (CHN)	679,8
3. M. Janus (CR)	678,4
7. J. Zimmermann	672,2
11. M. Jakosits	568,0

TRAP

1. M. Diamond (AUS)	149
2. J. Lakatos (USA)	147
3. L. Bade (USA)	147
8. K. Bindrich	121
20. J. Damme	119
49. U. Möller	114

DOPPELTRAP

1. R. Mark (AUS)	189
2. A. Pera (ITA)	183
3. B. Zhang (CHN)	183
15. K. Bindrich	133
22. W. Schanz	128

SKEETSCHIEßEN

1. E. Falco (ITA)	149
2. M. Rzepkowski (POL)	148
3. A. Benelli (ITA)	147
20. B. Hochwald	119
26. J.-H. Heinrich	118
26. Axel Wegner	118

Frauen

KK-DREISTELLUNGSKAMPF

1. A. Ivosev (YUG)	686,1
2. I. Gerasimenok (RUS)	680,1
3. R. Mauer (POL)	679,8
4. K. Obel	679,2

SPORTPISTOLE

1. D. Li (CHN)	687,9
2. D. Jorgowa	684,8
3. M. Logwinenko (RUS)	684,2
23. A. Völker	573,0

LUFTPISTOLE

1. O. Klochnewa (RUS)	490,1
2. M. Logwinenko (RUS)	488,5
3. M. Grozdewa (BUL)	488,5
27. A. Völker	375,0

LUFTGEWEHR

1. R. Mauer (POL)	497,6
2. P. Horneber (GER)	497,4
3. A. Ivosev (YUG)	497,2

DOPPELTRAP

1. K. Rhode (USA)	141
2. S. Kiermayer (GER)	139
3. D. Huddleston (AUS)	139

AFG	Afghanistan
AHO	Niederländische Antillen
ALB	Albanien
ALG	Algerien
AND	Andorra
ANG	Angola
ANT	Antigua
ARG	Argentinien
ARM	Armenien
ARU	Aruba
ASA	Amerikanisch Samoa
AUS	Australien
AUT	Österreich
AZE	Aserbaidschan
BAH	Bahamas
BAN	Bangladesch
BAR	Barbados
BDI	Burundi
BEL	Belgien
BEN	Benin
BER	Bermuda
BHU	Bhutan
BIH	Bosnien Herzegowina
BIZ	Belize
BLR	Weißrußland
BOL	Bolivien
BOT	Botswana
BRA	Brasilien
BRN	Bahrain
BRU	Brunei
BUL	Bulgarien
BUR	Burkina Faso
CAF	Zentral Afrikan. Republik
CAM	Kambodscha
CAN	Kanada
CAY	Cayman Islands
CGO	Kongo
CHA	Chad
CHI	Chile
CHN	China
CIV	Cote d' Ivoire
CMR	Kamerun
COK	Cook Islands
COL	Kolumbien
COM	Komoren
CPV	Cape Verde
CRC	Costa Rica
CRO	Kroatien
CUB	Kuba
CYP	Zypern
CZE	Tschechische Republik
DEN	Dänemark
DJI	Djibouti
DMA	Dominica
DOM	Dominikanische Republik
ECU	Ecuador
EGY	Ägypten
ESA	El Salvador
ESP	Spanien
EST	Estland
ETH	Äthopien
FIJ	Fiji
FIN	Finnland
FRA	Frankreich
GAB	Gabon
GAM	Gambia
GBR	Großbritannien
GBS	Guinea-Bissau
GEO	Georgien
GEQ	Equatorial Guinea
GER	Deutschland
GHA	Ghana
GRE	Griechenland
GRN	Grenada
GUA	Guatemala
GUI	Guinea
GUM	Guam
GUY	Guyana
HAI	Haiti
HKG	Hong Kong
HON	Honduras
HUN	Ungarn
INA	Indonesien
IND	Indien
IRI	Iran
IRL	Irland
IRQ	Irak
ISL	Island
ISR	Israel
ISV	Virgin Islands
ITA	Italien
IVB	British Virgin Islands
JAM	Jamaika
JOR	Jordanien
JPN	Japan
KAZ	Kasachstan
KEN	Kenia
KGZ	Kyrgyzstan
KOR	Süd-Korea
KSA	Saudi Arabien
KUW	Kuwait
LAO	Laos
LAT	Lettland
LBA	Libyen
LBR	Liberien
LCA	St. Lucia
LES	Lesotho
LIB	Libanon
LIE	Liechtenstein
LTU	Litauen
LUX	Luxemburg
MAD	Madagaskar
MAR	Marokka
MAS	Malaysia
MAW	Malawi
MDA	Moldawien
MDV	Malediven
MEX	Mexico
MGL	Mongolei
MKD	Mazedonien
MLI	Mali
MLT	Malta
MON	Monaco
MOZ	Mosambik
MRI	Mauritius
MTN	Mauritanien
MYA	Myanmar
NAM	Namibia
NCA	Nicaragua
NED	Niederlande
NEP	Nepal
NGR	Nigeria
NIG	Niger
NOR	Norwegen
NRU	Nauru
NZL	Neuseeland
OMA	Oman
PAK	Pakistan
PAN	Panama
PAR	Paraguay
PER	Peru
PHI	Philippinen
PLE	Palästina
PNG	Papua Neu Guinea
POL	Polen
POR	Portugal
PRK	Nord-Korea
PUR	Puerto Rico
QAT	Qatar
ROM	Rumänien
RSA	Südafrika
RUS	Russland
RWA	Rwanda
SAM	West Samoa
SEN	Senegal
SEY	Seychellen
SIN	Singapur
SKN	St. Kitts and Nevis
SLE	Sierra Leone
SLO	Slowenien
SMA	San Marino
SOL	Solomon Islands
SOM	Somalia
SRI	Sri Lanka
STP	Sao Tome & Principe
SID	Sudan
SUI	Schweiz
SUR	Surinam
SVK	Slowakische Republik
SWE	Schweden
SWZ	Swaziland
SYR	Syrien
TAN	Tansania
TGA	Tongo
THA	Thailand
TJK	Tajikistan
TKM	Turkmenistan
TOG	Togo
TPE	Taiwan
TRI	Trinidad and Tobago
TUN	Tunesien
TUR	Türkei
UAE	Arabische Emirate
UGA	Uganda
UKR	Ukraine
URU	Uruguay
UZB	Usbekistan
USA	Vereinigte Staaten von Amerika
VAN	Vanuatu
VEN	Venezuela
VIE	Vietnam
VIN	St. Vincent und die Grenadinen
YEM	Yemen
YUG	Jugoslawien
ZAI	Zaire
ZAM	Sambia
ZIM	Simbawe

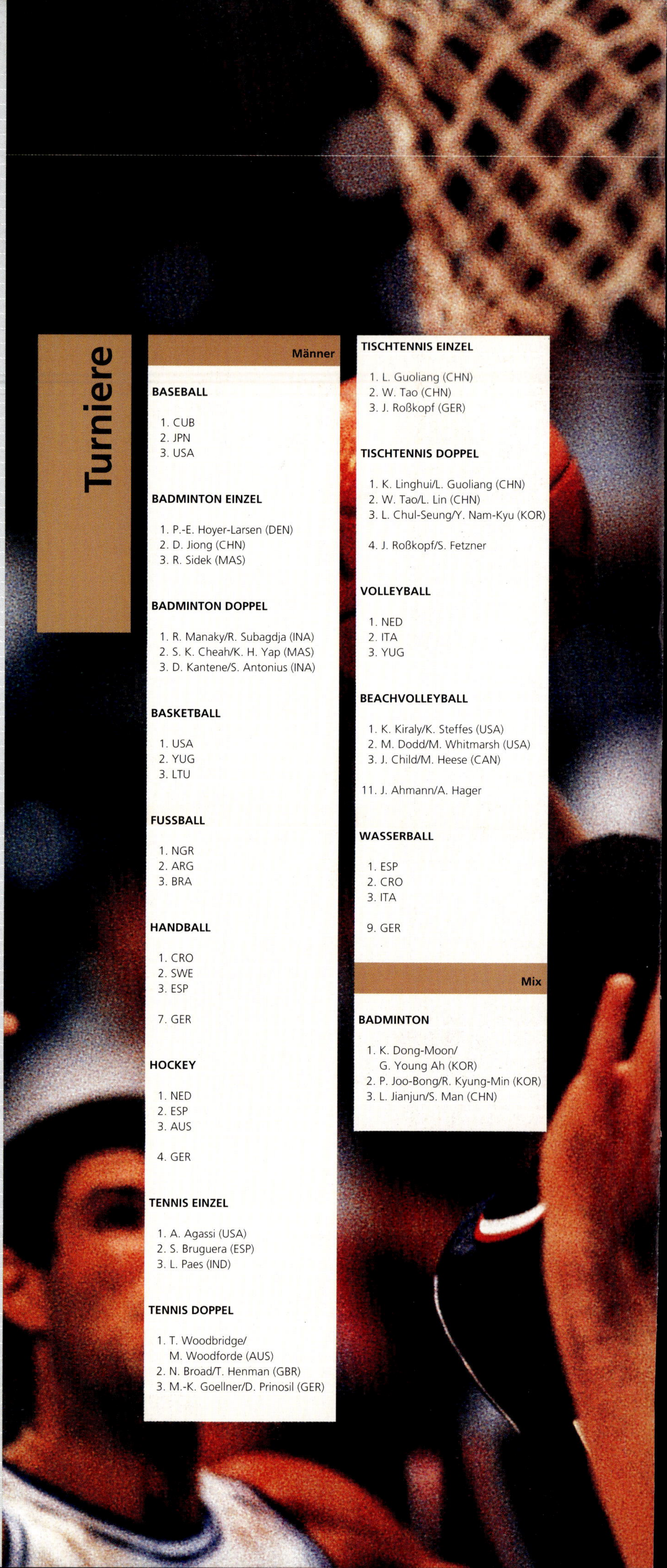

Turniere

Männer

BASEBALL

1. CUB
2. JPN
3. USA

BADMINTON EINZEL

1. P.-E. Hoyer-Larsen (DEN)
2. D. Jiong (CHN)
3. R. Sidek (MAS)

BADMINTON DOPPEL

1. R. Manaky/R. Subagdja (INA)
2. S. K. Cheah/K. H. Yap (MAS)
3. D. Kantene/S. Antonius (INA)

BASKETBALL

1. USA
2. YUG
3. LTU

FUSSBALL

1. NGR
2. ARG
3. BRA

HANDBALL

1. CRO
2. SWE
3. ESP

7\. GER

HOCKEY

1. NED
2. ESP
3. AUS

4\. GER

TENNIS EINZEL

1. A. Agassi (USA)
2. S. Bruguera (ESP)
3. L. Paes (IND)

TENNIS DOPPEL

1. T. Woodbridge/ M. Woodforde (AUS)
2. N. Broad/T. Henman (GBR)
3. M.-K. Goellner/D. Prinosil (GER)

TISCHTENNIS EINZEL

1. L. Guoliang (CHN)
2. W. Tao (CHN)
3. J. Roßkopf (GER)

TISCHTENNIS DOPPEL

1. K. Linghui/L. Guoliang (CHN)
2. W. Tao/L. Lin (CHN)
3. L. Chul-Seung/Y. Nam-Kyu (KOR)

4\. J. Roßkopf/S. Fetzner

VOLLEYBALL

1. NED
2. ITA
3. YUG

BEACHVOLLEYBALL

1. K. Kiraly/K. Steffes (USA)
2. M. Dodd/M. Whitmarsh (USA)
3. J. Child/M. Heese (CAN)

11\. J. Ahmann/A. Hager

WASSERBALL

1. ESP
2. CRO
3. ITA

9\. GER

Mix

BADMINTON

1. K. Dong-Moon/ G. Young Ah (KOR)
2. P. Joo-Bong/R. Kyung-Min (KOR)
3. L. Jianjun/S. Man (CHN)

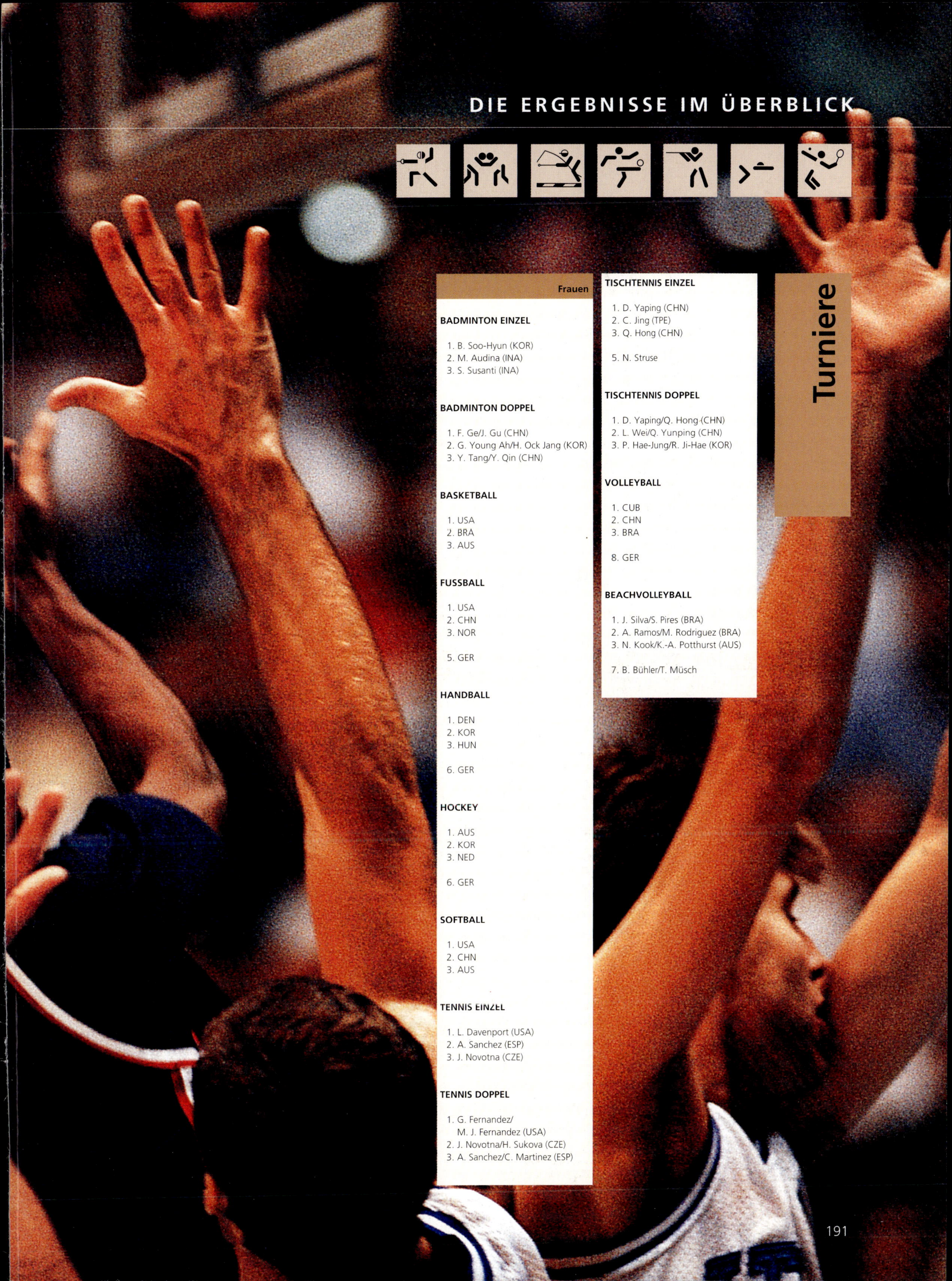

Turniere

Frauen

BADMINTON EINZEL

1. B. Soo-Hyun (KOR)
2. M. Audina (INA)
3. S. Susanti (INA)

BADMINTON DOPPEL

1. F. Ge/J. Gu (CHN)
2. G. Young Ah/H. Ock Jang (KOR)
3. Y. Tang/Y. Qin (CHN)

BASKETBALL

1. USA
2. BRA
3. AUS

FUSSBALL

1. USA
2. CHN
3. NOR

5. GER

HANDBALL

1. DEN
2. KOR
3. HUN

6. GER

HOCKEY

1. AUS
2. KOR
3. NED

6. GER

SOFTBALL

1. USA
2. CHN
3. AUS

TENNIS EINZEL

1. L. Davenport (USA)
2. A. Sanchez (ESP)
3. J. Novotna (CZE)

TENNIS DOPPEL

1. G. Fernandez/
M. J. Fernandez (USA)
2. J. Novotna/H. Sukova (CZE)
3. A. Sanchez/C. Martinez (ESP)

TISCHTENNIS EINZEL

1. D. Yaping (CHN)
2. C. Jing (TPE)
3. Q. Hong (CHN)

5. N. Struse

TISCHTENNIS DOPPEL

1. D. Yaping/Q. Hong (CHN)
2. L. Wei/Q. Yunping (CHN)
3. P. Hae-Jung/R. Ji-Hae (KOR)

VOLLEYBALL

1. CUB
2. CHN
3. BRA

8. GER

BEACHVOLLEYBALL

1. J. Silva/S. Pires (BRA)
2. A. Ramos/M. Rodriguez (BRA)
3. N. Kook/K.-A. Potthurst (AUS)

7. B. Bühler/T. Müsch

IMPRESSUM

Projektleitung
Josch WA, Essen

Konzeptionelle Gestaltung
SPORTARTS, Hamburg

Art Direction
MAJA MORITZ
Assistenz
BRIGITTE SCHALLER
ANGELIKA ACKERMANN

Beratung
JÜRGEN ROSS

Fotografie
BONGARTS, Hamburg

LUTZ BONGARTS
RÜDIGER FESSEL
ALEXANDER HASSENSTEIN
MARK SANDTEN
HENRI SZWARC
Assistenz
GUNNAR BERNING
CONNI BONGARTS

BLITZ (4)
Seite 94/95
SPORTIMAGE/PRESSE SPORT (4)
Seite 14,19, 34 und 160
TATI (1)
Seite 93
UPI/BETTMANN (1)
Seite 25

Lithografie, Druck und Verarbeitung
MOHNDRUCK
Graphische Betriebe GmbH,
Gütersloh

Papier
115 g/m² nopaCoat silk (Rolle) der
Nordland Papier AG

ISBN 3-577-14543-9